FRANK KNITTERMEIER

Segeberger Geheimnisse

SPANNENDES AUS NORDERSTEDT UND DER REGION
MIT KENNERN DER HEIMATGESCHICHTE

Hamburger Abendblatt

Knittermeier, Frank
Segeberger Geheimnisse – Spannendes aus Norderstedt und der Region – mit Kennern der Heimatgeschichte

HAMBURGER ABENDBLATT in Kooperation mit:
Bast Medien GmbH, St. Ulrich-Str.11, 88662 Überlingen
(verantwortlich)
1. Auflage 2019
ISBN: 978-3-946581-63-5

Ressortleitung: Eva-Maria Bast
Lektorat: Lena Bast
Bildredaktion: Melanie Kunze
Covergestaltung: Jarina Binnig, Cornelia Müller, Melanie Kunze
Layout: Homebase – Kommunikation & Design, Jarina Binnig
Karte: Maps4News & HERE, Nina Helmke
Satz: Melanie Kunze
Druck: Mohn Media Mohndruck GmbH, Gütersloh

Ein Titel der preisgekrönten Reihe *Geheimnisse der Heimat*

Inhalt

Vorwort

Liebe Leserinnen und Leser,

viele von Ihnen kennen sich im Kreis Segeberg bestimmt gut aus. Er hat ja auch viel zu bieten: Hier gibt es große Naturschutzgebiete, Wälder, zahlreiche Seen – und natürlich die Karl-May-Spiele, die jedes Jahr fast 400.000 Besucher anlocken. Aber kennen Sie auch die verborgenen Sehenswürdigkeiten Segebergs? Wir haben hinter die Kulissen des Kreises geschaut, um das zu erklären, was viele nicht wissen. Oder vielleicht immer mal gesehen haben und achtlos daran vorbeigefahren sind, ohne die Geschichte dahinter zu erfragen. Wer macht sich schon Gedanken über eine alte Straßenwalze, die seit Jahren auf einem Parkplatz in Norderstedt steht? Über einen Grabstein in Bornhöved, der einen Zusammenhang mit der Athener Akropolis hat? Wer weiß, dass es in Henstedt-Ulzburg ein Stück Hamburg gibt? Und warum der Kurfürstendamm auch im Kreis Segeberg eine beliebte Straße ist?

All diese Geschichten wollen wir Ihnen in diesem Buch präsentieren – in Kooperation mit der Verlegerin Eva-Maria Bast, die in ihrer preisgekrönten Reihe *Geheimnisse der Heimat* bereits zahlreiche Bücher dieser Art herausgebracht hat. Die Bast Medien GmbH in Überlingen haben in Zusammenarbeit mit dem Hamburger Abendblatt auch schon die beiden Bände *Hamburger Geheimnisse* mit großem Erfolg veröffentlicht. Beide Bücher wurden Bestseller.

Für dieses Buch ist Frank Knittermeier auf Spurensuche gegangen und hat insgesamt 50 Geschichten zusammengetragen, die in ihrer Gesamtheit ein großartiges Bild vom Kreis Segeberg, der Heimat von gut 275.000 Menschen, vermitteln.

Ich wünsche Ihnen viel Spaß beim Lesen!

Herzlichst, Ihr

Lars Haider
Chefredakteur Hamburger Abendblatt

Der Autor

Frank Knittermeier, Jahrgang 1950, war fast 40 Jahre Redakteur beim *Hamburger Abendblatt*, davon viele Jahre in der Regionalredaktion Norderstedt, wo er auch nach Eintritt in den Ruhestand noch mitarbeitet. In seiner Funktion als „rasender Reporter" hat er interessante Menschen, bemerkenswerte Institutionen und Einrichtungen im Kreis Segeberg kennengelernt.

Bei den Recherchen für dieses Buch waren all diese Kenntnisse und Kontakte sehr hilfreich. Für das *Hamburger Abendblatt* und andere Zeitungen und Zeitschriften hat er lange über Ereignisse aus der Musik- und speziell der Jazzwelt berichtet. Seine Fotos von bekannten und unbekannten Jazzmusikern sind auf Ausstellungen in aller Welt gezeigt und als Coverfotos für Schallplatten verwendet worden.

Neben seiner journalistischen Tätigkeit ist Frank Knittermeier als Theaterautor tätig. Die Stücke, einige davon auch als Co-Autor verfasst, werden regelmäßig im In- und Ausland gespielt.

Der Vater von vier Kindern und Großvater von sieben Enkelkindern lebt mit seiner Frau ganz in der Nähe der Alsterquelle in Henstedt-Rhen.

Heilquelle

Wie hohes Fieber zum Glücksfall wurde

Ein einfacher Kuhhirte schuf vor 337 Jahren per Zufall die Grundlage für eine der größten Spezialkliniken Europas: Hätte Gerd Gieseler im Juni 1681 kein Fieber gehabt und nicht aus gerade dieser Quelle getrunken, wäre aus Bad Bramstedt vermutlich nie der bekannte Kurort geworden – und niemals wären dort so viele Krankheiten gelindert oder geheilt worden. Auf jenen Gerd Gieseler ist der Bekanntheitsgrad der Stadt Bad Bramstedt zurückzuführen. Gedankt hat es ihm jedoch niemand. „Der Name ist in den Jahrhunderten in Vergessenheit geraten, aber es gibt eine Chronik, in der die zufällige ‚Heldentat' des jungen Mannes festgehalten wurde", sagt Jan Uwe Schadendorf, der die Geschichte über die Entdeckung der Quelle aufgespürt und veröffentlicht hat.

„Der Name ist in den Jahrhunderten in Vergessenheit geraten, aber es gibt eine Chronik, in der die zufällige ‚Heldentat' des jungen Mannes festgehalten wurde."

Der 18 Jahre alte Sohn des Bauern Bartelt Gieseler hütete auf dem Karkenmoor in Richtung Bimöhlen die Kühe seines Vaters, als er einen Fieberanfall bekam, sich ermattet unter eine Eiche setzte, um sich zu erholen, und dabei nur wenige Meter weiter, am Fuße des Baumes, eine munter vor sich hin sprudelnde Quelle entdeckte. Gerd nahm seinen Hut ab, ließ Wasser hineinlaufen, stillte seinen Durst und stellte schnell fest, dass Fieber und Mattigkeit schwanden.

Das war kein großes Ereignis, also sprach er nicht darüber. Erst als die Frau seines Nachbarn Hambeck ebenfalls unter Fieber litt, erinnerte er sich und empfahl ihr, von dem Quellwasser zu trinken – auch sie wurde sofort gesund. Das sprach sich herum, denn die Nachbarin war viel gesprächiger als der junge Gerd. Der Chronik nach sind „über 800 Lahme, Krüppel oder Blinde gekommen und von ihren Leiden gene-

Jan-Uwe Schadendorf an der Quelle, die Bad Bramstedts Status als Kurort begründete.

sen". Es wird erzählt, sie hätten ihre überflüssigen Krücken in den Baum gehängt.

Für die Heilkraft der Quelle gibt es übrigens heute noch einen Hinweis in Bad Bramstedt: Ein Altarleuchter in der Maria-Magdalenen-Kirche trägt die folgende Inschrift: *Anno 1681* [...] *ist Larenz Jessen, Kön.-Prov. Verwalter in Glückstadt, durch Gebrauch des Wassers von Quartan befreiet; verehret diese Leuchter zum Gedächtnis.* Als Quartan wurde eine Fieberkrankheit bezeichnet.

Nach dieser ersten Begeisterung verlor die Quelle zunächst ihre Anziehungskraft. Erst 80 Jahre später, 1761, gab es ein erneut aufblühendes Interesse. „Jetzt beschäftigten sich auch Wissenschaftler und Behörden mit dem Phänomen des Heilwassers", sagt Jan-Uwe Schadendorf. „Das Wasser wurde untersucht und eine Brunnenordnung erlassen, um den Andrang zu regulieren."

Die Heilquelle ist nicht zu übersehen. Hinweisschilder stehen am Brunnenweg.

Aber erst 1810 stellte der Hamburger Baumeister Hübner den Antrag, am Ort eine Brunnenanstalt zu errichten. Inzwischen jedoch ging es nicht mehr nur um die Quelle auf dem Karkenmoor, sondern um weitere, neu entdeckte Quellen an der Lentföhrdener Aue, hinter der Hambrücke und auf einer Flur mit dem Namen Holenförd. Diese befanden sich alle dort, wo heute das neue Kurhaus steht. Doch so weit war es 1810 noch nicht. Ob der von Baumeister Hübner empfohlene Brunnen jemals gebaut wurde oder nicht, lässt sich heute nicht mehr feststellen.

Der nächste Entwicklungsschritt ist 1879 festgehalten. Fast 200 Jahre nach Gerd Gieselers wundersamer Heilung erwarb Bauer Matthias Heesch an der Osterau eine Wiese, die nach einer Überschwemmung plötzlich ganz in Weiß gehüllt war. Ein befreundeter Arzt erkannte, dass diese Färbung etwas mit dem Salzgehalt zu tun haben musste, und empfahl, dort Bäder anzubieten. Der geschäftstüchtige Landwirt Heesch baute also einen Bretterverschlag und verabreichte kalte Solebäder.

Jetzt nahm die Sache endgültig Schwung auf. Neue Bohrungen, weitere Gebäude, Patienten kamen und wurden wirksam behandelt, sodass Linderung oder sogar Heilung eintrat. Bald bekam Matthias Heesch Konkurrenz, weil auch die Nachbarn ahnten, dass hier ein großes Geschäft in der Luft lag. 1911 entstand Behnckes Sol- und Moorbad.

Beide Bäder, Heesch und Behncke, wurden 1918 von Hamburger Interessenten gekauft, die auch gleich das Gelände der Sparkasse am Kurpark und den Rühgerpark mit erwarben. Der Kurbetrieb kam derart in Schwung, dass 1929 der Bau eines großzügigen Kurhauses in Angriff genommen wurde. Die Ortspolitiker hatten den Landesversicherungsanstalten den Kaiser-Wilhelm-Wald hinter der Hambrücke schlauerweise als kostenloses Baugelände angeboten. Jan-Uwe Schadendorf: „Das war damals ein sehr kluger Schachzug, wie sich später herausstellte."

„Das war damals ein sehr kluger Schachzug, wie sich später herausstellte."

Wenige Jahre danach wurde das „Kurhaus an den Auen" erbaut und 1936 mit der Rheumaheilstätte verbunden. Heute ist daraus ein großer und moderner Komplex geworden, in dem jährlich Tausende von Patienten behandelt werden. Hätte Gerd Gieseler vor 337 Jahren nicht seinen fiebrigen Schwächeanfall gehabt und Matthias Heesch 200 Jahre später nicht per Zufall Salz an den Grashalmen seiner Wiese entdeckt – wer weiß, wie Bad Bramstedt heute aussehen würde.

So geht's zur Heilquelle:

Die Heilquelle liegt wenige Meter abseits vom Brunnenweg in Bad Bramstedt und ist gut ausgeschildert.

Hans-Jürgen Büll, Gerd Meincke und Andreas Boldt (von links) sorgten dafür, dass der Stein gefunden, aufgearbeitet und wieder aufgestellt werden konnte.

02

Berliner Meilenstein

Ein Bär für Ellerau

Berliner Damm – das klingt irgendwie nach Weltläufigkeit, nach großen Geschäften, nach Flaniermeile. Tatsächlich aber war die Welt in diesem immer noch eher beschaulichen Teil Elleraus in der Mitte des 20. Jahrhunderts alles andere als weltläufig oder gar glamourös. Es gab einen Bauernhof, in dem allenfalls Eier und Milch gekauft werden konnten. Ein älterer Einwohner erinnert sich: „Die Jauche lief buchstäblich über die Straße." Die Bezeichnung *Dorfstraße* war eigentlich angemessen, aber aus der Dorfstraße wurde der *Berliner Damm* – Bauernhof und Jauche blieben auch unter der neuen Benennung erhalten. Warum also der großstädtische Name? Das war eines der großen Geheimnisse in Ellerau, und es hatte eine Vorgeschichte. Die Hobby-Heimatforscher Gerd Meincke aus Norderstedt, Walter Bollmann aus Ellerau und Hans-Jürgen Büll aus Alveslohe enthüllten nicht nur dieses Geheimnis, sondern auch gleich den Berliner Meilenstein, der nun gegenüber dem Rathaus steht. Gerd Meincke: „Meilenstein und Allee – jetzt gehört zusammen, was zusammengehören soll.“ 311 Kilometer beträgt die Entfernung vom Berliner Damm zum Brandenburger Tor. Natürlich zeigt der Meilenstein den Bären, der seit ungefähr 1280 das Wappentier Berlins ist. Vorher war der Bär das Wappentier der Berliner Kürschner-Gilde.

„Meilenstein und Allee – jetzt gehört zusammen, was zusammengehören soll.“

Der erste Berliner Erinnerungsstein aus Beton wurde am 12. Januar 1954 an der Autobahn Frankfurt–Köln (heute A3) vom damaligen Bundespräsidenten Theodor Heuss (1884-1963) eingeweiht. Mit diesem Kilometerstein setzte der Bundesbeauftragte für die Förderung der Berliner Wirtschaft und Mitbegründer der Wochenzeitung *Die Zeit*, Gerd Bucerius (1906-1995), in der Frühzeit des Kalten Krieges ein besonderes Zeichen der Verbundenheit der Bundesrepublik Deutschland mit der von 1945 bis 1990 geteilten Stadt Berlin. In den Folgejahren kamen viele weitere Bärensteine hinzu; an den Bundesautobahnen sollten sie ursprünglich jeweils im Abstand von 100 Kilometern gesetzt werden, doch ließ sich das nicht konsequent realisieren.

Irgendwann Anfang der 50er-Jahre stand ein solcher Stein dann auch in Ellerau. Die Initiative hatte ein Mann ergriffen, der als Kriegsheimkehrer bereits 1946 angefangen hatte, eine Damenoberbekleidungsfabrik an der Dorfstraße aufzubauen: Arthur A. Erlhoff (1912-1977), ein gebürtiger Westfale, der seine Textilfabrik in Berlin während des Krieges eingebüßt hatte, begann im März 1946 mit zwei geliehenen Nähmaschinen im angemieteten Tanzsaal des Gasthofes „Zur Post“, aus Fahnenstoff, Zeltbahnen und Wolldecken Damenmäntel und Schürzen zu produzieren. Im Laufe der Jahre wurde *erle zf* (zf stand für „zierliche Frau“) zum fünfgrößten Textilbetrieb in Deutschland und zum zwölfgrößten in Europa. In Spitzenzeiten waren im Ellerauer Unternehmen bis zu 600 Frauen und Männer tätig. Weitere Betriebsstätten gab es in Wahlstedt, Kiel, Bielefeld, Köln und Aachen. Arthur A. Erlhoff war in Ellerau ein mächtiger Mann mit bedeutendem Einfluss. Wenn er den Eindruck hatte, seine Firma sollte nicht an der Dorfstraße, sondern am Berliner Damm stehen, dann war das ein gewichtiges Wort, das man kaum überhören konnte. Schließlich war erle zf der größte Arbeitgeber (hauptsächlich für Frauen), der größte Steuerzahler und somit der Motor des Aufschwungs im beschaulichen Dorf, das sich damit zum Industriestandort aufschwang.

Das Unternehmen auf dem Gelände des jetzigen Nahversorgungszentrums wuchs und wuchs. Es entstanden Wohnungen für die Mitarbeiter, eine Tennisanlage und genau gegenüber ein Betriebskindergarten. 1971 verlieh die Gemeinde ihrem Gönner Erlhoff die Ehrenbürgerrechte. „Der ihn auszeichnende Großmut und seine Offenherzigkeit machten ihn zum Freund und Förderer der Vereine und Verbände in Ellerau“, hieß es in der Laudatio.

Dieser Berliner Meilenstein mit dem Bären steht jetzt wieder am Berliner Damm mitten in Ellerau.

Der einflussreiche Erlhoff überzeugte die Gemeindepolitiker davon, die Dorfstraße in Berliner Damm umzubenennen. Der Grund lag im Briefkopf: Ein europaweit agierendes Modeunternehmen mit Absender Dorfstraße? Das geht gar nicht, sagte sich der Firmenchef und befand, dass die damals geteilte Stadt Berlin Namensgeber für die Straße sein sollte. Weil Erlhoff das so empfand, pflichtete ihm die Mehrheit der Gemeindepolitiker bei.

Dazu spendierte der Geschäftsmann den Berliner Meilenstein, der gut sichtbar vor dem Betriebskindergarten auf der Ostseite der Straße aufgestellt wurde. Als 1999 das Rathaus genau an dieser Stelle entstand,

wurde der Stein kurzerhand auf die andere Straßenseite gestellt – und prompt vergessen. Völlig verdreckt, verwittert und in eine Hecke eingewachsen, entdeckte ihn 2015 schließlich der Norderstedter Gerd Meincke, der schon einen Berliner Meilenstein an der Ulzburger Straße in Norderstedt aufgespürt hatte.
Meincke holte den ehemaligen Grundschulleiter Hans-Jürgen Büll, ehrenamtlicher Leiter des Heimatmuseums Ellerau, mit ins Boot, der ebenfalls befand, dass dieses vergessene Denkmal wieder in den Blickpunkt gerückt werden sollte. Büll wiederum nahm Kontakt auf zu Andreas Boldt, dem Inhaber der ortsansässigen Steinwerkstatt. Der erklärte sich bereit, den Stein fachmännisch und kostenlos aufzuarbeiten.

Jetzt steht er wieder an seinem Platz gegenüber dem Rathaus. Die Gemeinde freut sich über die Aktivitäten der beiden Heimatforscher und die Bereitschaft des Steinmetzes, diese kostenlos zu unterstützen.

Ob er jemals unter Denkmalschutz gestellt wird, kann heute noch niemand sagen. Diese Meilensteine sind nach den Erfahrungen der Initiative Denkmalschutz für Berliner Meilensteine „unbequeme Denkmale", die aus Unkenntnis ihrer Herkunft, aber auch wegen ihrer Größe oder wegen ihres Aussehens oder ihres Zustandes nicht als Denkmal anerkannt werden und somit durch die Maschen des Netzes des Denkmalschutzes zu fallen drohen. Im Kreis Segeberg gibt es solche Meilensteine mit Bär in Bad Segeberg, Norderstedt – und jetzt auch wieder sichtbar in Ellerau. Außerdem in 19 weiteren Orten in Schleswig-Holstein. Und in Hamburg – gibt es auch einen.

So geht's zum Berliner Meilenstein:

Der Stein steht am Berliner Damm direkt gegenüber vom Ellerauer Rathaus.

Hausbewohnerin Ursula Fischer (links) und Dagmar Berghoff vor dem Gebäude, das 1971 Kulisse für die TV-Serie „Einmal im Leben“ war.

03

Bungalow

Wo Dieter Wedels Kultserie entstand

„Also, so hatte ich das nicht in Erinnerung.“ Dagmar Berghoff steht auf der Straße, die 1971 noch ein Matschweg war, und sieht sich suchend um. „Da drüben“, sie zeigt auf einen Flachdachbungalow, „das war mein Haus.“ Nicht in Wirklichkeit natürlich, denn die frühere Tagesschau-Sprecherin hätte sich niemals so weit vor den Toren der Hansestadt Hamburgs niedergelassen.

Doch damals hielt sie sich für mehrere Wochen beruflich in der Straße „An der Alsterquelle“ auf. Der Grund war: Hier drehte Dieter Wedel seinen berühmten ersten TV-Dreiteiler *Einmal im Leben – Geschichte eines Eigenheims*, der bei seiner Erstausstrahlung sagenhafte 27 Millionen Menschen vor die Bildschirme lockte.

Nach 47 Jahren steht Dagmar Berghoff also wieder dort, wo sie einst Frau Hassert, die Nachbarin von Trude und Bruno Semmeling spielte. Die Semmelings aus Hamburg, darum geht es in der Mini-Serie, bauen ein Haus und müssen mit den Tücken und Fallstricken kämpfen, die ein solcher Hausbau mit sich bringt. Antje Hagen und der 2017 verstorbene Fritz Lichtenhahn spielen das gebeutelte Ehepaar Semmeling, Dagmar Berghoff und ihr Filmmann Horst Warning bauen auf dem Nachbargrundstück und sind den Semmelings immer um eine Nasenlänge voraus. In den weiteren Rollen sind viele prominente TV- und Theaterstars der damaligen Zeit zu sehen – unter anderen Günter Strack als Bauunternehmer, Uwe Dallmeier als Polier, Edgar Bessen als Tischler, Hans Korte und Til Erwig als Architekten.

Jetzt also sehen sie sich zum ersten Mal, die damalige „Nachbarin" und die heutige Bewohnerin des Semmeling-Hauses, Ursula Fischer. Dagmar Berghoff und Ursula Fischer verstehen sich sofort so gut, dass man sie sich als tatsächliche Nachbarinnen vorstellen kann. „Jetzt sind hier natürlich überall Bäume und Büsche zu sehen", sagt Dagmar Berghoff, „damals war alles kahl, aber rundherum standen hohe Bäume." Die Schauspielerin und Ex-Tagesschau-Sprecherin wohnt am anderen Ende der Alster, deren Lauf sie in Winterhude vom Wohnzimmerfenster aus beobachten kann, hier in Henstedt-Rhen lebt Frau Fischer mit ihrem Dackel Fiete nur wenige Meter von der Quelle dieses Flusses entfernt. Schön ist es zweifellos hier wie dort. Damals, im Jahr 1971, war es hier offenbar weniger schön. „Es hat während der Dreharbeiten fast ständig geregnet", erinnert sich Dagmar Berghoff, „es war alles matschig."

Architekt Wolfgang Schwartinski, der direkt um die Ecke wohnt, erinnert sich, dass alle drei von ihm damals konzipierten und finanzierten Atrium-Doppelbungalows je nach Baufortschritt als Kulisse für die Dreharbeiten dienten. „Damals waren hier in der Gegend überall Baustellen." Über verschiedene private Kontakte war Dieter Wedel auf die drei nebeneinanderliegenden Baustellen in Henstedt-Rhen gestoßen. Schwartinski erklärte sich nach einem Abendessen mit dem Vorhaben des TV-Manns einverstanden und stand dem Team später als Berater zur Verfügung. Etwas Geld gab's auch dafür, aber das sei „Pipifax" gewesen. Schwartinski erinnert sich, dass auch die Henstedter Feuerwehr bei den Dreharbeiten zum Einsatz kam: „Die Feuerwehrleute mussten für künstlichen Regen sorgen." Ursula Fischer sei heute die einzige noch dort lebende Erstbewohnerin – sie zog im Dezember 1971 ein.

Dagmar Berghoff erlebt jetzt zum ersten Mal, wie die fertigen Häuser aussehen. Im lichtdurchfluteten Wohnzimmer von Ursula Fischer stehen die beiden Frauen vor dem Kamin, der im TV-Dreiteiler am Ende noch eine besondere Bedeutung hat: Bei der Einweihungsparty qualmt es so stark, dass die Gäste ebenjenes Wohnzimmer fluchtartig verlassen. Und hier mischen sich Fiktion und Realität: Auch Familie Fischer hatte anfangs viel Kummer mit dem Kamin. Er zog so enorm, dass große Kissen die Bewohner vor dem starken Luftzug schützen mussten.

Dieser Bungalow war 1971 Kulisse für die TV-Serie „Einmal im Leben".

Überhaupt hat das Haus den Fischers zumindest in der ersten Zeit wenig Freude bereitet. Die erheblichen Baumängel führten zu rechtlichen Auseinandersetzungen, über die damals in der regionalen und angesichts der TV-Serie auch in den überregionalen Zeitungen und Zeitschriften berichtet wurde. Heute ist das längst vergessen und das Verhältnis zwischen Ursula Fischer und dem Architekten wieder geglättet. Fiktion und Realität lagen also gar nicht so weit auseinander.

Als Ursula und Hanns Fischer im Dezember 1971 das Haus „An der Alsterquelle 13" bezogen, war ihnen überhaupt nicht bewusst, dass genau hier noch wenige Wochen vorher ein Fernsehfilm gedreht wor-

den war. Sie hatten ganz andere Probleme: Die Küche war nicht komplett, der Abwasch musste in der Badewanne erledigt werden – und es zog aus dem Kamin.
Überrascht war das Ehepaar dann allerdings, als nach Ausstrahlung der Serie im Januar 1972 plötzlich Fremde vor der Tür standen, die sich gerne mal im Haus umgucken wollten. „Die Leute rannten förmlich ins Haus, um zu sehen, wo gedreht worden war", erinnert sich Ursula Fischer. Auch auf der Straße flanierten Schaulustige. Aber dieses Phänomen ebbte nach einigen Wochen wieder ab.
Familie Fischer lebte sich ein und fühlte sich, nachdem die Anfangsprobleme überwunden waren, in ihrem Bungalow wohl. Zwei Kinder wuchsen hier auf und hatten den Wald zum Spielen direkt vor der Haustür.

Und Dagmar Berghoff erinnert sich gerne an die Dreharbeiten. Da sie 1975 für den NDR-Hörfunk und 1976 für die Tagesschau zu arbeiten begann, übernahm sie nur noch sporadisch Rollen in Fernsehfilmen. Von ihren Kolleginnen und Kollegen aus dem Wedel-Dreiteiler sah sie bei offiziellen Anlässen hauptsächlich Günter Strack wieder. „Der hat mich dann immer umarmt und an seinen dicken Bauch gezogen." Den Drehort in Henstedt-Rhen hätte sie alleine nicht wiedergefunden, obwohl sie gelegentlich in den Ort kommt, um sich hier mit einer befreundeten Künstlerin zu treffen.

Könnte sie sich vorstellen, an der Alsterquelle zu wohnen? Dagmar Berghoff lächelt: „Es ist reizvoll hier, aber ich brauche die Großstadt und könnte nicht so weit außerhalb leben."

So geht's zum Bungalow:

Die Bungalows stehen in der Straße „An der Alsterquelle" im Henstedt-Ulzburger Ortsteil Rhen. Ursula Fischer lebt im Haus Nummer 13.

Lutz Gohle, Forstamtsrat a. D., inmitten von abgestorbenen Baumriesen, deren Zerfall begonnen hat.

04

Urwald

Hier wird nicht aufgeräumt

Aufgeräumt sieht es hier nicht aus: Überall liegen von Moos und Pilzen überwucherte Baumstümpfe. Abgestorbene, zum Teil abgebrochene Bäume ragen in den Himmel, dazwischen stehen junge Buchen, die sich selbst ausgesät haben, aber auch 250 bis 300 Jahre alte Baumriesen. Was wie ein verwunschener und geheimnisvoller Wald aussieht, ist für die schleswig-holsteinische Forstwirtschaft ein Experiment, dessen Ergebnis erst nach Jahrzehnten feststeht. Mitten im Segeberger Forst, zwischen Wahlstedt und Heidmühlen, gibt es einen richtigen Urwald, den „Naturwald Buchholz", der von den Menschen unangetastet bleibt.

Revierförster Matthias Sandrock betrachtet das Chaos liebevoll: „Maßstäbe für Zeit und Ordnung gelten hier nicht“, sagt der erfahrene Forstbeamte. „Was wir hier sehen, ist ein dynamischer Prozess von Werden, Wachsen und Vergehen.“

Aus diesem Naturwald hat sich der wirtschaftlich denkende Mensch zurückgezogen und greift nicht mehr lenkend ein. Hier sollen die natürlichen Prozesse völlig ungestört ablaufen. Sein Vorgänger, der Forstamtsrat a. D. Lutz Gohle, von 1981 bis 2011 Revierförster im Segeberger Forst, hatte seit Mitte der 1980er-Jahre für den Erhalt der wunderschönen alten Buchen gekämpft und damit das Projekt Naturwald im Forst in Gang gesetzt.

„Maßstäbe für Zeit und Ordnung gelten hier nicht. Was wir hier sehen, ist ein dynamischer Prozess von Werden, Wachsen und Vergehen.“

Tropische Urwälder, Savannen oder etwas Ähnliches wie kanadische Weiten gibt es in Schleswig-Holstein natürlich nicht. Von Menschen nicht genutzte Landstriche sind nicht vorhanden, alles, was nutzbar war, wurde im Rahmen der Möglichkeiten genutzt – und das seit der letzten Eiszeit vor 12.000 Jahren. Matthias Sandrock begleitet den Naturwald schon etliche Jahre und beobachtet die fortschreitende Wildnis. Seine Amtszeit aber reicht nicht aus, um gründliche Erkenntnisse zu gewinnen. „Das ist ein Generationenprojekt“, sagt der Förster, dem die Buchholzer Wildnis sehr am Herzen liegt.

Insgesamt bleiben in diesem Teil des Segeberger Forstes 44 Hektar Wald unangetastet. Hier greift der Mensch nicht in den Kreislauf der Natur ein, der Wald kann also seine eigene Dynamik entwickeln. Unberührt von Menschenhand, ist der Naturwald ein Paradies für Pflanzen und Tiere. Menschen haben Zutritt, aber in einem „unordentlichen Wald“ kann man natürlich nicht ordentlich spazieren gehen. Außerdem: Das Betreten des „Naturwaldes Buchholz“ im Bereich der Försterei „Glashütte“ wird zunehmend gefährlich, weil die Zerfallsphase bei alten Bäumen eingesetzt hat, das bedeutet, die noch stehenden Bäume und ihre Kronen können jederzeit brechen. Der Urwaldcharakter zeigt sich mit alten, zusammenbrechenden Bäumen auf ganzer Fläche. Der eingezäunte Bereich darf als wissenschaftliche Beobachtungsfläche nicht betreten werden.

„Sehen Sie dort!“Förster Sandrock zeigt aus dem Fenster des Geländewagens, mit dem er „seinen“ Naturwald umkreist. „Diese Bäume sind gestürzt und bleiben natürlich liegen, wo sie sind.“ Die Zerfalls- und Verjüngungsphase kann an vielen Stellen gut beobachtet werden.

Dieser Teil des Segeberger Forstes ist bestens geeignet für das generationsübergreifende Wildnis-Projekt: Mit einem Alter von bis zu 310 Jahren gehört er zu den ältesten Buchenwäldern in Schleswig-Holstein. Die hier stehenden Buchen sind zwischen 120 und 310 Jahre alt, es gibt aber auch jüngere Birken, Fichten und Lärchen. Bei den Buchen hat seit etwa 40 Jahren eine Zerfallsphase begonnen, sodass es im Naturwald sehr viel stehendes oder liegendes, auch hängendes Totholz gibt.

Im *Forstbotanischen Merkbuch* von 1906 über urwüchsige Sträucher, Bäume und Bestände im Königreich Preußen wird bereits darauf hingewiesen, dass zu Beginn des 14. Jahrhunderts die Waldung der Segeberger Heide als „Urwolt“ bezeichnet wurde. Im Kerngebiet ist der Naturwald Buchholz aus einer Naturwaldparzelle hervorgegangen, die dort in den 1980er-Jahren als forstliche Beobachtungsfläche eingerichtet wurde. Sie hatte eine Größe von 7,6 Hektar, davon 1,9 Hektar Kernfläche mit Wildschutzzaun. Mitte der 1990er-Jahre wurden Naturwaldflächen einbezogen. Die Ausweisung des Naturwaldes mit heutigem Zuschnitt erfolgte 2001.

Diese Tafel weist auf den Naturwald Buchholz im Segeberger Forst hin.

Die alten Buchenwälder kommen hier in allen Stadien vor – von der Aufbau- bis hin zur Zerfallsphase. Aber tote Bäume stecken voller Leben: Vor allem Pilze und Insekten sind sehr artenreich vertreten. „Bis zu 600 Insektenarten leben und ernähren sich in oder an einem absterbenden Stamm, der von ihnen langsam zersetzt wird“, sagt Matthias Sandrock. „Neben der weiteren Wuchsdynamik der Bäume unter Berücksichtigung des Klimawandels werden insbesondere die Entwicklung voreiszeitlicher Flechten und das Arteninventar von Höhlenbrütern, Fledermäusen, Pilzen und totholzgebundenen Insekten wissenschaftlich durch Universitäten und forstliche Forschungsanstalten begleitet." Im April und Mai ist hier der Gesang der Misteldrossel typisch. Es sind auch Mittel-, Bunt- und Schwarzspechte, im Juni Waldlaubsänger und Trauerschnäpper anzutreffen.

Die nationale Strategie zur biologischen Vielfalt ist auf weitere Ausweisungen von Wildnisgebieten ausgelegt. 2007 hat das Bundeskabinett als Ziel einen Anteil von zwei Prozent der Landesfläche Deutschlands als Wildnisgebiete – also Bereiche, die aus der menschlichen Nutzung fallen – formuliert. Dieses Ziel wird so schnell nicht zu erreichen sein: Das Bundesamt für Naturschutz schätzt den aktuellen Wildnisanteil im Jahre 2019 auf unter 0,5 Prozent, das sind 1.800 Quadratkilometer.

Der Naturwald Buchholz ist dabei nur ein „ganz kleiner Fisch". Auf der deutschen Wildniskarte ist er nicht zu finden. Aber für Förster Matthias Sandrock ist die Bewahrung und Beobachtung von diesem Stückchen Wald inmitten des großen Segeberger Forstes eine sehr wichtige Aufgabe, die er mit dem Ablauf seiner Amtszeit gerne seinem Nachfolger überträgt.

So geht's zum Urwald:

Von der Kreisstraße 102 zwischen Wahlstedt und Heidmühlen zweigt der Hülsenberger Weg ab, der zu einem Waldparkplatz am Rande des Naturwalds führt. Dort gibt es eine Hinweistafel mit eingezeichneten Wegen.

Das reetgedeckte Gebäude ist noch gut erhalten. Früher war es ein Eishaus, heute wird es nicht mehr genutzt.

05

Eishaus

Ein Gefrierschrank für alle

Das Gebäude steht in einer viel befahrenen Kurve im Henstedt-Ulzburger Ortsteil Henstedt. Mit seinem Reetdach und den Ziegelsteinen ist es im historischen Ortskern ein Zeuge der Vergangenheit. Heute ist es nutzlos, doch vor 60 bis 70 Jahren hatte es für die Bewohner der umliegenden Häuser eine wichtige Funktion: Es war ein riesiger Gefrierschrank.

Als es noch keine Kühlschränke gab, erfüllten Eiskeller und Eishäuser diese Aufgabe. Dabei handelte es sich zunächst um unterirdische Eiskeller, in denen Lebensmittel mit einer großen Masse von Natureis gekühlt wurden. Solch ein historischer Eiskeller ist noch in der Gemeinde Jersbek im Nachbarkreis Stormarn zu besichtigen. Der Bau von Eishäusern setzte sich im 19. Jahrhundert vor allem in Nordamerika durch. Erfunden wurden diese Eishäuser übrigens von den Persern, die bereits 400 v. Chr. mit dem Bau von unterirdischen Kühlhöhlen begannen.

In Henstedt-Ulzburg gibt es diese alten, auf Natureisbasis betriebenen Kühlhäuser nicht mehr. Ob es jemals welche gab, kann niemand mehr beantworten. Aber einige Henstedt-Ulzburger, so auch Karin Honerlah, erinnern sich noch gut an die moderneren Kühlhäuser. Sie wurden mit Strom betrieben und funktionierten wie ein herkömmlicher Gefrierschrank. Der entscheidende Unterschied: Jede Familie, die keinen Gefrierschrank hatte, konnte sich hier ein Kühlfach mieten. Interessant waren diese Häuser vor allem für Landwirtc, dic so das Flcisch dcr Schlachttiere einfrieren konnten. Gemeinschaftsgefrierhäuser sind vor allem in den ländlichen Gegenden nach dem Zweiten Weltkrieg entstanden. Oft handelte es sich um freistehende, extra dafür gebaute Häuser, andere wurden in öffentliche Gebäude integriert.

Karin Honerlah kann sich noch gut an die Zeit der Gemeinschaftsgefrierhäuser erinnern.

Hier in Henstedt-Ulzburg waren es Bauernfamilien, die Genossenschaften gründeten und gemeinsam Gefrierhäuser einrichteten. Die *Ulzburger* Bauern zum Beispiel hatten sich südlich der Elbe in einem Dorf schlau gemacht und im eigenen Ort schnell einen zentralen Standort auf dem Langbehn'schen Hof an der Hamburger Straße gefunden – dort, wo südlich der Kreuzkirche heute ein Supermarkt steht. Die *Henstedter* Bauern errichteten das Kühlhaus an der Ecke Prunstwiete/Dorfstraße, wo es auch heute noch steht. Die Stromkosten wurden auf die Nutzer der Gefrierfächer umgelegt.
Karin Honerlah, die in einem Bauernhaushalt aufwuchs, erinnert sich: „Die kleinen Haushalte nutzten die kleinen Gefrierfächer, die Bauernfamilien die großen." Sie weiß noch, wie die Bauersfrauen hingingen,

um den Sonntagsbraten zu holen. „Im kleinen Vorraum wurde sortiert oder umgepackt, und dann ging es in die richtige Kälte."

Karin Honerlah: „Für einige Frauen war der Vorraum ein wichtiger Kommunikationsort, und er war sicherlich auch ein Ort sozialer Kontrolle, weil man gut mitbekommen konnte, wie die Vorratswirtschaft in anderen Haushalten so ablief." Sie weiß, dass zu jener Zeit bereits Gefrierdosen und -beutel genutzt wurden. „Einige Hausfrauen schworen jedoch darauf, ihr Gefriergut nicht nur in einen Beutel zu stecken, sondern noch den guten alten Nylonstrumpf drüberzuziehen."

„Einige Hausfrauen schworen jedoch darauf, ihr Gefriergut nicht nur in einen Beutel zu stecken, sondern noch den guten alten Nylonstrumpf drüberzuziehen."

Das Gefrierhaus in Henstedt – damals waren Henstedt und Ulzburg noch getrennt verwaltete Dörfer – besaß 32 Fächer, wobei jedes Fach etwa 100 Liter groß war. Daran kann sich der frühere Landwirt Johann Schümann recht gut erinnern. „Jeder hatte zwei Schlüssel, einen für die Eingangstür und einen für das jeweilige Fach." Verwaltet wurde das Kühlhaus vom benachbarten Landwirt Grothkopf. Wie hoch die Miete für ein Kühlfach war, weiß Johann Schümann nicht mehr.

Beide Kühlhäuser wurden etwa bis Mitte der 1960er-Jahre betrieben. Der Hof Langbehn in Ulzburg brannte Mitte der 1980er-Jahre ab, die Reste wurden mitsamt dem Eishaus abgerissen. Das Henstedter Eishaus aber steht noch, obwohl der Grothkopf-Hof längst ausgesiedelt und anderswo wieder aufgebaut wurde.

So geht's zum Eishaus:

Das reetgedeckte Kühlhaus steht an der Dorfstraße / Ecke Prunstwiete in Henstedt.

Das Schloss ist heute noch Mittelpunkt des öffentlichen Lebens in Bad Bramstedt. Hier finden viele Veranstaltungen statt.

06

Schloss

Wiebeke Kruse und der König

Richtige Monarchen haben den Kreis Segeberg gelegentlich besucht – allerdings waren sie in der Regel nur auf der Durchreise und empfingen Besucher höchstens in einem Eisenbahnwagon. Das haben die Segeberger erlebt, als sich Kaiser Wilhelm II. (1859-1941) im Jahr 1892 ein Hirschgeweih zeigen ließ. Bad Bramstedt nimmt da aber schon eine Sonderstellung ein: Hier gibt es bis heute ein Schloss, in dem Wiebeke Kruse (1605-1648), die Geliebte des Königs gelebt hat – und König Christian IV. von Dänemark (1577-1648) selbst auch. Oder nicht? Die Meinungen gehen auseinander, genau geklärt ist nichts. Außerdem soll in Bad Bramstedt auch eine Königstafel mit Mann und Maus versunken sein. Wahrheit, Spekulation und märchenhafte Erzählungen gehen da etwas durcheinander.

So viel steht aber fest: In Bad Bramstedt gibt es das einzige Schloss im Kreis Segeberg. Wobei „Schloss" ein großes Wort für ein verhältnismäßig kleines Gebäude ist. Denn eigentlich ist es ein Torhaus, dessen Festungstore einst in Krempe im Kreis Steinburg als Stadttor dienten und erst nach Bad Bramstedt transportiert werden mussten.

Die Geschichte des Schlosses und des dazugehörigen adeligen Guts reicht bis ins Jahr 1530 zurück und ist geprägt von Besitzerwechseln, Bränden und Abrissen quer durch die Jahrhunderte. Nach 23 Vorbesitzern wurde es 1965 von der Stadt Bad Bramstedt übernommen. Unzählige Schicksale haben die Mauern erlebt, aber jetzt soll es um den König und seine Geliebte gehen, die im 17. Jahrhundert angeblich hier lebten.

Der frühere Bramstedter Stadtarchivar Hans Finck verstieg sich 1968, als das frisch renovierte „Schloss" der Öffentlichkeit vorgestellt wurde, zu der Behauptung, Christian IV., König von Dänemark und Norwegen, habe ein Jahr lang hier gelebt. So stand es damals in den *Bramstedter Nachrichten*. Wirklich belegen konnte Finck das nicht. Tatsache ist: Dieses Haus gehörte 1631 bis 1632 dem König, der das Gut Bramstedt für 19.000 Mark kaufte. 1632 wird von Christian die Errichtung eines Vorwerks und die Restaurierung des Schlosses betrieben, 1633 schenkt er es seiner Geliebten Wiebeke Kruse, einer angeblichen Bauerntochter aus Föhrden, als Versorgungsgut. Dessen Vorwerk oder Torhaus wird heute als „Schloss" bezeichnet. Wiebeke Kruse gehörte das Anwesen bis zu ihrem Tod im Jahre 1648. Dann übernahm es die Tochter, später die Enkelin. Stadtarchivar Manfred Jacobsen geht davon aus, dass Wiebke der wirkliche Vorname war und der Name Wiebeke erst später in einem Roman auftauchte.

Stadtarchivar Manfred Jacobsen mit einem Bild von Wiebeke Kruse aus dem „Königszimmer" des Schlosses.

Wie groß das Interesse des dänischen Königs nicht nur an seiner Geliebten, sondern auch an dem Gebäude war, zeigen etliche Bestellscheine, die er 1635 persönlich unterzeichnete, als es weiter ausgebaut wurde. Holz, Steine und das markante Tor schaffte man aus Krempe herbei, um das eigentliche Schloss zu bauen. Im oberen Saal pflegte Seine Königliche Majestät wohl zu logieren, wie es in einem Schriftstück aus jener Zeit heißt. Vermutlich mit Wiebeke Kruse, die sich übrigens keineswegs ständig hier aufhielt, um auf ihren Geliebten zu warten. Sie hatte ja noch den Königshof in Glückstadt, ebenfalls ein Geschenk des Königs, und lebte am Königlichen Hof in Kopenhagen, den sie jedoch nach Christians Tod 1648 verlassen musste.

Niemand kann genau sagen, wie oft der König und seine Mätresse, die gemeinsam zwei Kinder hatten, in Bad Bramstedt nächtigten. Mehr als einmal, aber sicher kein Jahr lang. Gleichwohl machte der zweifelhafte Ruhm, eine von vielen Geliebten des dänischen Königs gewesen zu sein, die Dame zumindest im Raum Bad Bramstedt und Glückstadt „unsterblich". Und die Bramstedter können mit Fug und Recht behaupten: In unserem Schloss hat tatsächlich mal ein König geschlafen.

Noch jetzt zeigt man im Schloss das „Königszimmer" mit dem Namenszug *C IV* über dem Kamin und den Bildnissen des Königs und seiner Geliebten Wiebeke Kruse. Noch lange grünte im Garten hinter dem Schloss alljährlich eine mächtige Linde, unter der der gekrönte Herr oft im traulichen Gespräch mit der einfachen Bauerntochter gesessen haben soll. Inzwischen musste sie gefällt werden. Zwischen Hamburger Straße und der Holsatenallee gibt es heute noch den Königsweg, der an Christian IV. erinnert. Stadtarchivar Manfred Jacobsen erzählt Besuchern gerne die Geschichte vom Schloss und allem, was dazu gehört. Heute im ersten Stock des Gebäudes, direkt neben dem „Königszimmer" mit den Gemälden. „Es gibt viel zu berichten über Wiebeke Kruse und den Dänenkönig", sagt der Stadtarchivar. „Aber was wirklich wahr ist und was nicht, kann heute niemand mehr sagen."

So geht's zum Schloss:

Es liegt mitten auf dem Bleeck, dem großen Platz im Herzen Bad Bramstedts.

Friedhofsgärtner Arne Finnern kennt die Geschichte des kleinen Kreuzes in der Sülfelder Pastoratsschlucht.

07

Kreuz für Lisbeth

Tod in der Pastoratsschlucht

Im ausgehenden Mittelalter gab es einen Handelsweg auf dem Wasser, der die beiden Handelsstädte Lübeck und Hamburg miteinander verband. In wenigen Tagen mit der Lastschute von einem großen Ort zum anderen – das war auf der künstlichen Wasserstraße in Holstein möglich. Die größte Schleusenanlage lag hinter dem Pastorat in der Gemeinde Sülfeld in der extra dafür ausgehobenen Schlucht (siehe Geheimnis 25). Genau an diesem verwunschenen Ort steht bis heute ein unscheinbares, aber schweres eisernes Kreuz auf einem Granitstein mit der Aufschrift *Lisbeth* vorne und *26. August 1880* auf der Rückseite. Der ehemalige Kanal und das eiserne

Kreuz haben eine Verbindung: Es ist ein Geheimnis, von dem bis heute nur wenige Menschen wissen.

1880, als der Kanal und die Sülfelder Schleusenanlage schon längst aus dem Gedächtnis der Menschen verschwunden sind, kommt es hinter dem Sülfelder Pastorat zu einem Unglück. Bereits damals ist das Gelände der ehemaligen Schleusentreppenanlage als Park mit Rundwanderweg durch die Schlucht ausgebaut, mit weißen Brücken über den Wasserlauf, Feldsteingrotten und dem „Olymp", dem höchsten Punkt, wo eine Linde gepflanzt wurde.
Das Pastorats- und Familienidyll des beliebten Pastors Reinhard Theodor Faust, der 1869 mit seiner Frau Karoline aus Hessen kommend die Sülfelder Pastorenstelle übernommen hatte, wird jäh zerstört: Die siebenjährige Tochter Elisabeth ertrinkt in dem aufgestauten See.
„Nach der Bestattung auf dem Kirchhof gegenüber dem Pastorat ließen die Eltern in Erinnerung an diesen tragischen Unglücksfall am Unglücksort einen kleinen Feldsteinsockel aufmauern und stellten obenauf ein eisernes Gedenkkreuz", sagt Sülfelds Friedhofsgärtner Arne Finnern. Pastor Faust bleibt bis 1903 im Amt. Finnern: „Heute wissen natürlich nur noch wenige Eingeweihte, was es mit diesem Kreuz auf sich hat." Er ist gerne bereit, Interessenten in die Pastoratsschlucht hinter dem Pastorat zu führen, um alles zu erklären.

Erst vor wenigen Jahren kamen nahe Angehörige der Pastorenfamilie Faust nach Sülfeld und überreichten Ulrich Bärwald viele Fotos aus der Sülfelder Zeit um 1890 bis etwa 1900. Darunter auch eines, auf dem Elisabeth Faust mit Geschwistern zu sehen ist.

So geht's zum Kreuz für Lisbeth:

Die Pastoratsschlucht mit dem Kreuz liegt hinter dem Sülfelder Pastorat, Am Markt 16. Rechts vom Pastorat führt ein Weg zur Schlucht.

heft der Ehrbahre
Kasper: Vagedt wedder vor=
betteren laten · Gode tho Ehren
Vnde disser Karcken thom besten ·
Jürgen Vaget
1567

Glasfenster

Eine steile Karriere

Vom Bürgermeister in Bad Bramstedt zum Herrscher über Island: Für die jetzige Bramstedter Bürgermeistererin Verena Jeschke wäre das eine Traumkarriere. Es gab tatsächlich einen Mitbürger, der genau das geschafft hat – vom Bürgermeister zum Gouverneur des nordischen Inselstaats, dessen spektakuläre Landschaft durch Vulkane, Geysire, Thermalquellen und Lavafelder geprägt ist: Dirick Vaget war gleichzeitig „Chef" von Bramstedt und „Chef" von Island, nebenbei auch noch zeitweise Amtmann im Amt Hanerau-Hademarschen. Drei Jobs also, die viel Zeit und Energie kosteten.

Diese Traumkarriere liegt allerdings einige Jahrhunderte zurück. In der Bramstedter Maria-Magdalenen-Kirche ist ein Glasbild zu sehen, das auf die Existenz der Familie Vaget im 16. Jahrhundert hinweist. Es zeigt jedoch nicht Dirick, sondern seinen Sohn Jürgen, der das Bild im Jahr 1567 spendete. Bis heute ist es erstklassig erhalten.

Wer die Bramstedter Kirche betritt und den Altar betrachtet, findet im oberen Altaraufsatz außerdem die Inschrift *Caspar Vaget 1625*. Der Name weist auf die Familie des ersten Besitzers des Gutes Bramstedt und mehrerer Generationen Kirchspielvögte hin. Der Bramstedter Heimatforscher Jan-Uwe Schadendorf hat die bisher unbekannte Lebensgeschichte von Dirick Vaget oder Dirick von Bramstedt, wie er in den Quellen und Büchern meist genannt wird, erforscht. „Die Familie Vaget war früher in Bramstedt allgegenwärtig, in der Kirche hängen Bilder und andere Hinweise, aber bisher wusste niemand etwas über die Geschichte dieser Familie", sagt Jan-Uwe Schadendorf. „Dirick Vaget wird in Bad Bramstedt erst-

„Dirick Vaget wird in Bad Bramstedt erstmals im Jahr 1530 auf der ersten Seite des Bramstedter Fleckenbuches mit herausgehobener Stellung als Bürgermeister erwähnt."

Dieses Glasbild wurde von Jürgen Vaget, dem Sohn des „Herrschers über Island", 1567 gespendet.

mals im Jahr 1530 auf der ersten Seite des Bramstedter Fleckenbuches mit herausgehobener Stellung als Bürgermeister erwähnt."

Gouverneur in Island wird natürlich nicht jeder x-beliebige Mensch. Aber Dirick Vaget war offenbar jemand, der geschickt an verschiedenen Strippen ziehen konnte. Zunächst war er Großgrundbesitzer mit dem Hauptsitz auf dem Bleeck beim heutigen Schloss in Bramstedt. Pech allerdings, dass die Höfe weit auseinander lagen. Deshalb versuchte Dirick Vaget aus den einzelnen Höfen, die in Bramstedt, Weddelbrook, Wiemersdorf, Hitzhusen und Borstel lagen, ein adeliges Gut zu machen und sich vom König mit den entsprechenden Rechten ausstatten zu lassen. König des dänischen Großreichs, zu dem Schleswig-Holstein und, neben anderen Ländern, auch Island gehörte, war damals Christian II. (1481-1559), zugleich Herzog von Holstein. Also machte Dirick Vaget sich beim König beliebt: Er zog als einer der Heerführer für ihn in den Krieg, nachdem es vor allem in Schweden zu Aufständen (Goten gegen Jüten) im Zuge von Unabhängigkeitsbewegungen gekommen war. Am 2. März 1520 war der Bramstedter Großgrundbesitzer einer der vier bevollmächtigten Hauptleute, die in Uppsala die Unterwerfung der unterlegenen Schweden annahmen.

Jan-Uwe Schadendorf in der Maria-Magdalenen-Kirche. Er hat Dirick Vagets Geschichte erforscht.

Das war der Beginn seiner Amtskarriere, die am 12. April 1529 darin mündete, dass er aufgrund seiner „getreuen angenehmen Dienste" für fünf Jahre Vogt und Gouverneur über ganz Island wurde. Es war allerdings nicht mehr Christian II., sondern sein Nachfolger, König Friedrich I. (1471-1533), der ihn einsetzte.

„Dirick Vaget hat cinen guten Karriereinstinkt bewiesen", sagt Jan-Uwe Schadendorf. Nachdem König Christian II. vom Adel in Dänemark und Norwegen vertrieben worden war, hielt sich Dirick zunächst weiter im Gefolge

des Geschassten auf, kehrte aber bald reumütig nach Holstein zurück und diente sich Friedrich I., dem neuen König, an. Offenbar hatte der Bramstedter erkannt, wie schädlich es für seine eigene Karriere gewesen wäre, wenn er sich weiter mit dem früheren König herumgetrieben hätte.
Wie auch immer: Dirick Vaget war nun der oberste Beamte auf Island, vereinte nicht nur Macht und Ehre auf sich, sondern bezog offenbar auch ein stattliches Einkommen. In Bramstedt verwaltete er weiter sein Gut und bekleidete die Position des Bürgermeisters. Nach Island reiste er mehrmals im Jahr per Segelschiff, er besuchte die Sitzungen der isländischen Ratsversammlung, sorgte für Durchsetzung der Gesetze und Beschlüsse, überwachte den Handel. Zu seinen wichtigsten Gesprächspartnern gehörten die „Laugmannen" der isländischen Gerichtsbarkeit und die beiden katholischen Bischöfe.

Nach dem Tod des dänischen Königs Friedrich I. im Jahre 1533 kam es zu Thronstreitigkeiten, in deren Verlauf Dirick Vaget seinen Posten entweder verlor oder darauf verzichtete. Das kann heute nicht mehr ganz genau nachvollzogen werden. Zwar wurde sein Island-Auftrag vom neuen König Christian III. (1503-1559) um drei Jahre verlängert, doch war es für ihn unmöglich, dort hinzufahren, ohne sein Leben zu riskieren. Denn es war nicht klar, wer aus dem Bürgerkrieg letztlich als Sieger hervorgehen würde.
Dirick Vaget zog sich offenbar auf seine heimatlichen Güter zurück. Zusammen mit seiner ersten Frau hatte er die Kinder Jürgen, den Spender des Glasfensters in der Kirche, und Christopher. Nachdem seine Gattin 1536 gestorben war, heiratete er im folgenden Jahr erneut. Aber schon ein Jahr später, 1538, starb Dirick Vaget alias Dirick von Bramstedt.

So geht's zum Glasfenster:

Das Glasfenster hängt rechts neben dem Altar der Maria-Madgalenen-Kirche am Kirchenbleeck 13 in Bad Bramstedt.

Der Obelisk wurde restauriert, aber die Spitze mit der Krone und den vergoldeten Glocken ist verschwunden.

09

Obelisk

Ein Denkmal für den Kumpel

Auf dem Weg an die Ostsee oder zu einem der bekanntesten Möbelhäuser Norddeutschlands passieren täglich unzählige Autos den stattlichen Obelisken, der etwas abseits der Hamburger Straße steht und weitgehend unbeachtet bleibt. „Wahrscheinlich machen sich nur wenige Gedanken über diesen Obelisken, der ja immerhin gar nicht so klein ist", sagt Detlef Dreessen, der sich als Journalist und Kulturschaffender aktiv darum bemüht, die Heimatgeschichte bekannt zu machen. Die Geschichte des Obelisken gehört zu seinen Lieblingsthemen, denn dahinter steckt immerhin der einflussreichste Mann in der Segeberger Stadtgeschichte: Heinrich

Rantzau (1526-1598) war Amtmann, Statthalter und Berater dreier Könige und Führer des Adels in Schleswig und Holstein. „Er bestimmte von Segeberg aus Politik und Militärwesen, erhob Zoll und Steuern und sprach außerdem Recht", sagt Detlef Dreessen, der die „Arbeitsstelle 500 Jahre Heinrich Rantzau" initiiert hat und einen Rantzau-Stadtplan herausbrachte. Der Obelisk ist einem mächtigen Freund Rantzaus gewidmet.

Ohne Heinrich Rantzau wäre Bad Segeberg vielleicht in kleines Bauerndorf geblieben, er prägte die Stadt wie kein anderer. Nachdem sein Vater Johann Rantzau die Stadt nach der Grafenfehde von 1534 – damals zerstörten die Lübecker Segeberg bis auf drei Häuser – wieder besiedelt hatte, machte Heinrich Rantzau den Ort, der zu Beginn seiner Amtszeit aus nur 50 Häusern um die Siegesburg bestand, zu einem Zentrum von Macht, Bildung und Kultur und zu einer weithin bekannten Stadt. Könige und Fürsten suchten Rantzau in Segeberg auf. Er kommunizierte von hier aus mit Herrschern und Gelehrten in ganz Europa. Detlef Dreessen: „Auch die Verbreitung des Humanismus im Norden ging von hier aus."

Rantzau unterhielt einen für seine Zeit fortschrittlichen Nachrichtendienst und ließ sich durch diesen mit Informationen aus ganz Europa versorgen. Als Politiker und Diplomat hatte er großen Einfluss. Sein Wahlspruch: „Ein mühsamer Frieden ist besser als ein gerechter Krieg." In eine Schlacht zog er lediglich einmal bei der Unterwerfung Dithmarschens im Jahre 1559. Den Ort wirklicher Bewährung sah Heinrich Rantzau nicht auf dem Schlachtfeld.

Der reichste Mann im Norden betrieb zahlreiche wirtschaftliche Unternehmungen. So baute er am Kalkberg Gips ab, den er als Rohstoff nach Hamburg und Lübeck verkaufte. Für Politik und Geschäfte brauchte er Juristen, Handwerker, Schreiber und andere Bedienstete, die in Segeberg Arbeit und Heimat fanden. Handwerker sanierten die Burg, Bauern arbeiteten auf seinen Besitzungen.

Eine Reihe von Relikten erinnert an diese bedeutende Epoche Segebergs, das damals natürlich noch nicht den Zusatz „Bad" trug. Für Heinrich Rantzau war es offenbar ein Bedürfnis, sich selbst und den Personen, die ihm nahestanden, Denkmale zu setzen. Besonders gilt das für den dänischen König Friedrich II. (1534-1588). Die Kredite, die ihm Rantzau im Laufe der Jahre gewährt hatte, waren eine solide Grundlage für eine vertrauensvolle Zusammenarbeit. „Der König war ein enger Freund, ein Kumpel", sagt Detlef Dreessen. Ihm zu Ehren ließ Rantzau an der Hamburger Straße eine Pyramide und einen Obelisken errichten. Die inzwischen zerstörte Pyramide, an deren Stelle eine neue Kapelle gesetzt wurde, verband Rantzau mit der Verpflichtung einer jährlichen Armenspeisung. Sie wurde zeitweise als Weltwunder angesehen. Der Obelisk entstand 1590 etwa 100 Meter westlich der Pyramide. Er war ursprünglich 15 Meter hoch und im oberen Teil mit einer Krone und kleinen Glocken aus vergoldetem Erz versehen, deren Klang den Ruhm des verstorbenen Königs verbreiten sollte. Detlef Dreessen vermutet, das gespannte Verhältnis Holsteins zu Dänemark habe dazu geführt, dass sich in der Folgezeit niemand mehr recht um das Bauwerk kümmerte. Dass ein Storchenpaar darauf sein Nest baute, blieb einziger Nutzen.

Detlef Dreessen vor dem Obelisken.

Die Inschriften sind größtenteils verwittert. Erhalten blieben auf dem Granitsockel nur *DEO ET FRIDERICO II / REGI DANIAE* (Gott und Friedrich II., König von Dänemark) und der Hinweis, dass Heinrich Rantzau das Ganze im Jahr 1590 errichten ließ. Detlef Dreessen: „Was sonst noch auf dem Obelisken stand, bleibt leider ein Rätsel." Intakt ist das untere Stück des Sandsteinobelisken; eine Mauer stützt das Fundament ab. Vorbild war der Obelisk am Mausoleum von Kaiser Augustus (63 v.-14 n. Chr.) in Rom. Der Obelisk ist Anziehungspunkt für Touristen aus aller Welt, doch seine Bedeutung und Geschichte kennen die wenigsten.

So geht's zum Obelisken:

Er steht etwas zurückversetzt an der Hamburger Straße 58 in Bad Segeberg.

Sülfelds Pastor Steffen Paar vor der Grabplatte, unter der die verfüllte Gruft direkt neben der Kirche liegt.

10

Gruft

Mit beiden Beinen im Erdloch

Es war an einem schönen Frühsommertag im Jahr 1965, als der Friedhofsgärtner furchtbar erschrak. Er war gerade dabei, den Rasen auf dem Sülfelder Kirchhof rechts neben dem Kirchturm zu mähen – da gab die Rasenoberfläche plötzlich nach: Der Gärtner hing mit beiden Beinen in einem Erdloch. Er verschwand zum Glück nicht ganz im Erdreich und konnte sich mit Müh und Not sogar wieder aus dem Loch befreien. Wie sich herausstellte, befand sich exakt unter dieser Stelle eine bis dahin unbekannte Gruft. Der schockierte Mann schlug sofort Alarm.

Das Ereignis sorgte auch im Dorf für Aufregung. An der Volksschule wurde an diesem Vormittag sogar der Unterricht unterbrochen, damit die Schüler zum Kirchhof eilen konnten, um sich dort anzusehen, was passiert war. Da die Sommerferien unmittelbar bevorstanden, drückten die Lehrkräfte offenbar ein Auge zu und schickten die Kinder auf den Kirchhof, damit sie einen Eindruck bekommen, wie es in einer Gruft aussieht, die nach knapp 130 Jahren plötzlich und versehentlich geöffnet wird. Unter ihnen war auch Ulrich Bärwald, der heute als ehrenamtlicher Archivar der Gemeinde Sülfeld und der Kirche tätig ist. Er bekam auf diese Weise einen anschaulichen Geschichtsunterricht, der sich dann später auch in seinen Aufzeichnungen niederschlug.

Was fanden die Schüler damals vor? Die Untersuchung der spektakulären Fundstelle im Ortskern an der Kirche ergab eine mit Ziegelsteinen fein säuberlich aufgemauerte, geräumige Gruft, in der eine Person stehen konnte. Die Gruft hatte, das war deutlich zu sehen, eine normale Türöffnung, damit der Sarg hinein transportiert werden konnte. Nach der Bestattung aber war die Öffnung zugemauert worden.

Auf dem Kirchhof der Sülfelder Kirche wurden früher auch höhergestellte Personen aus der Umgebung bestattet.

Durch das jetzt vom Friedhofsgärtner zufällig eingetretene Loch konnten die Schüler einen einzelnen eingefallenen Holzsarg mit einem Leichnam erkennen. Lehrer Carl Holz untersuchte Sarg und Leiche genauer und vermerkte später in der Schulchronik, dass im Haar des Verstorbenen ein Schmuckkamm gesteckt habe. Also folgerte er, dass hier irgendwann eine Frau bestattet worden war. Er hatte recht: Ein Lederschild auf dem eingefallenen Sargdeckel brachte schließlich Licht in das Dunkel der Gruft.

„Bei der Toten handelte es sich um Anna Maria Rosberg, die 1837 bestattet worden war“, sagt Pastor Steffen Paar, der sich eingehend mit den damaligen Vorgängen befasste, nachdem er 2015 sein Kirchenamt in Sülfeld angetreten hatte. Die auch für die damalige Zeit aufwendige Bestattung in einer Gruft verdankte die Tote der Tatsache, dass ihr

Ehemann Verwalter auf Gut Borstel unter Josef Graf von Baudissin war. Aus der Borsteler Gutschronik geht hervor, dass die beiden erst zwei Jahre zuvor geheiratet hatten. 1788 geboren, war die Frau vor ihrer zweiten Eheschließung verwitwet gewesen. Zum Zeitpunkt ihres Todes war sie erst 49 Jahre alt.

„Etwas Gruseliges hatte dieser Ausflug auf den Kirchhof schon", erinnert sich Ulrich Bärwald heute. Um den Grusel nicht auf die Spitze zu treiben, wurde die Gruft nach der Inspektion schnell mit Kies verfüllt und endgültig wieder verschlossen, um der Toten die ewige Ruhe zurückzugeben. „Heute ist die Gruft mit einer längst verwitterten Grabplatte im Rasen abgedeckt", sagt Pastor Paar, der sich sicher ist, dass kaum ein Sülfelder weiß, was sich darunter verbirgt. „Ein schmiedeeisernes Gitter umgrenzt den Ort der Gruft."

Die Sülfelder Kirche selbst diente lange als Bestattungsplatz für höhergestellte Menschen aus der Umgebung. Im früheren Beinhaus links am Kirchturm waren über Jahrzehnte die Särge des Hauses Baudissin, Besitzer des Gutes Borstel im Zeitraum von 1838 bis 1930, aufgestellt. Mitte der 1960er-Jahre erfolgte die Erdbestattung dieser Särge. Die sanierte Gruft diente dann mehr als 30 Jahre lang als Lagerraum, bis sie zu Beginn der 1990er-Jahre abgebrochen wurde.
Die im Kirchenanbau zum Pastorat aufgestellten Särge der Familie von Bethmann Hollweg, Besitzer des Gutes Jersbek, wurden vor etwa 25 Jahren einer nachträglichen Erdbestattung zugeführt. Im Gruftanbau rechts vom Altar waren die Särge aus dem Hause Borstel aufgestellt, man versenkte sie später dort im Boden. Bei der grundlegenden Sanierung der Kirche fand man weitere Zeugnisse von Bestattungen im Kirchenschiff – vorwiegend wohl von Predigern an der Sülfelder Kirche. Diese Grabstellen blieben dort und wurden mit dem neuen Fliesenbelag abgedeckt.

So geht's zur Gruft:

Die verwitterte Grabplatte ist auf dem alten Kirchhof an der Südseite des Sülfelder Kirchengebäudes, Am Markt 16, zu sehen.

Doppeleiche

Auf ewig ungeteilt?

Natürlich gebe es Eichen mit zwei Stämmen, sagt Heinz Georg Gülk. „Viele Doppeleichen sind Zufallsprodukte, aber einige wurden bewusst gepflanzt.“ Direkt neben seinem Bauernhaus im Henstedt-Ulzburger Ortsteil Götzberg gibt es aber eine Eiche mit zwei Stämmen, die *kein* Zufallsprodukt ist. Auch in Wakendorf II steht eine Doppeleiche, deren Stämme im unteren Teil zusammengewachsen sind und eine gemeinsame Krone bilden.

Diese Eichen werden heute kaum noch beachtet – und nur wenige kennen das Geheimnis dahinter: Die Bäume sind ein fester Bestandteil der schleswig-holsteinischen Geschichte und sie tauchen sogar in vielen Ortswappen und -flaggen auf – im Kreis Segeberg zum Beispiel im Ortswappen der Gemeinde Itzstedt. Es ist kein Zufall, dass diese Eichen im vorletzten Jahrhundert in Schleswig-Holstein massenweise gepflanzt wurden: Sie waren das Symbol für die Zusammengehörigkeit der Herzogtümer Schleswig und Holstein. Im *Schleswig-Holstein-Lied* heißt es in der siebten Strophe: *Teures Land, du Doppeleiche,/unter einer Krone Dach,/stehe fest und nimmer weiche,/wie der Feind auch dräuen mag!/Schleswig-Holstein, stammverwandt,/wanke nicht, mein Vaterland!*
Der Barmstedter Advokat und Staatsanwalt Matthias Friedrich Chemnitz (1815-1870) hat diesen Text 1844 geschrieben. Seine Hymne hatte ursprünglich den Titel *Wanke nicht, mein Vaterland*, wurde später jedoch als *Schleswig-Holstein meerumschlungen* bekannt. Die Melodie stammt von Carl Gottlieb Bellmann (1772-1862), dem Kantor des St.-Johannis-Klosters vor Schleswig.

Hintergrund dieser doppelten Eichen sind die kriegerischen Auseinandersetzungen zwischen den Dänisch- und den Deutsch-Gesinnten im 19. Jahrhundert. Die Doppeleiche wurde in diesem Zusammenhang zu einem Symbol für das deutsche Beharren auf dem Vertrag von

Die imposante Doppeleiche steht mitten in Wakendorf II.

Ripen von 1460, wonach Schleswig und Holstein „up ewig ungedeelt" bleiben sollten. Das Zusammenwachsen zweier Eichenstämme, die eine gemeinsame Krone bilden, spielte auf diese Passage des Vertrags an. So wie eine Doppeleiche nicht ohne Schaden getrennt werden kann, sollte Schleswig-Holstein nur als ungeteiltes Ganzes bestehen können. Dem standen allerdings Bestrebungen dänischer Liberaler entgegen, Schleswig als dänisches Lehen unter Verzicht auf Holstein in einen zukünftigen dänischen Nationalstaat zu integrieren.

Am 24. März 1898 jährte sich der Beginn des ersten Schleswig-Holsteinischen Krieges zum fünfzigsten Mal. Aus diesem Anlass wurden Hunderte von Doppeleichen gepflanzt, um den nationalen Gedanken in Schleswig-Holstein zu pflegen. Von dem landestypischen Motiv Schleswig-Holsteins ist häufig nur noch der Name geblieben: Es gibt Gasthäuser, Vereine und Bushaltestellen unter der Bezeichnung *Doppeleiche*. Und etwa 100 „echte" Doppeleichen aus dem 19. Jahrhundert stehen in Schleswig-Holstein tatsächlich noch.

Wer die schleswig-holsteinische Geschichte kennt, weiß, dass erst am 6. Juli 1920 nach einer Volksabstimmung ein Übertragungsvertrag in Paris geschlossen wurde, der das nördliche Schleswig Dänemark zusprach und den südlichen Teil Deutschland.

Heinz-Georg Gülk an der Doppeleiche, die direkt neben seinem Bauernhof in Henstedt-Götzberg steht.

In Norderstedt gab es mindestens eine Doppeleiche – und zwar im Schulstieg im Bereich der Müllerstraße im Ortsteil Glashütte. Am Rand des früheren Schulhofs nördlich der Volksschule Glashütte wies eine eiserne Gedenktafel, die an den sich gabelnden Stämmen befestigt war und später mit ihnen verwuchs, auf die Pflanzung im Jahre 1898 hin. Irgendwann in den 1980er-Jahren wurde die Eiche gefällt – so wie damals viele Bäume im Bereich Müllerstraße. Die eiserne Gedenktafel wurde in einer alten Garage aufbewahrt und wäre vermutlich auf dem Sperrmüll gelandet, wenn nicht Birgit Delfs und Regina Lemburg von der Betreu-

ungseinrichtung an der Grundschule Glashütte auf sie aufmerksam geworden wären. Der Norderstedter Fotograf und Heimatforscher Wolfgang Zachau hatte sie darauf hingewiesen, dass die Tafel irgendwo lagern musste. Er hatte in seinem Archiv noch Original-Fotos von der Doppeleiche mit der eingewachsenen Gedenktafel entdeckt.
Da das Norderstedter Stadtmuseum großes Interesse an diesem historischen Fund bekundete, wurde die Gedenktafel am 6. April 2010 von 36 Kindern der Betreuungseinrichtung dem damaligen Leiter des Stadtmuseums, Manfred von Essen, überreicht. Zu sehen war die Tafel im Museum bisher allerdings noch nicht.

Außer in Henstedt-Ulzburg und Wakendorf II stehen Doppeleichen im Kreis Segeberg heute noch hinter dem Roland auf dem Bleeck in Bad Bramstedt, in Bornhöved, in Itzstedt, Sievershütten und Heidmühlen. Die Doppeleiche in Wakendorf II scheint sogar einzigartig zu sein: Im Frühjahr wachsen die Blätter zunächst auf dem linken Teil der Baumkrone, später auf dem rechten. 1950 erschien darüber ein Artikel in der *Segeberger Zeitung*, den der Henstedt-Ulzburger Archivar Volkmar Zelck aufbewahrt. Darin wird das Geheimnis des kleinen „Naturwunders“ gelüftet: Links wurde eine Stil- oder Sommereiche gepflanzt, rechts eine Stein- oder Wintereiche, die später Blätter bekommt und sie auch später verliert.

An der Ecke Hamburger Straße/Lindenstraße in Henstedt-Ulzburg steht auf dem Gelände der Kreuzkirche ebenfalls noch eine Doppeleiche, die heute allerdings nicht mehr als solche zu erkennen ist: Die Stämme sind im Laufe der Jahrzehnte so zusammengewachsen, dass sie einen gemeinsamen Stamm bilden. Und das wäre ja vermutlich auch ganz im Sinne der fünf Kriegsveteranen, die diese Doppeleiche am 24. März 1898 gepflanzt haben: Schleswig-Holstein, vereint und „up ewig ungedeelt“.

So geht's zu der Doppeleiche:

Die imposante Eiche steht mitten im Ort in Wakendorf II, genau dort, wo die Naher Straße auf die Wilstedter Straße trifft.

Im Norderstedter Amtsgericht sind heute rund 100 Beamte und Angestellte tätig.

12

Amtsgericht

Schwitzen im Archiv

Das Norderstedter Amtsgericht ist ein zeitlos schönes Gebäude, dass sich mit seiner roten Backsteinfassade sehr gut in das Gesamtbild des neuen Stadtteils Norderstedt-Mitte einfügt. So unspektakulär das Gebäude heute auch ist, vor gut drei Jahrzehnten sorgte es für Heiterkeit im ganzen Land – ein Geheimnis, über das längst Gras gewachsen ist, an das sich aber etliche Norderstedter noch mit einem Schmunzeln erinnern.

1986 wurde das neue Norderstedter Amtsgericht eingeweiht. Alles nahm seinen normalen Lauf, aber drei Jahre später war dieses Gericht plötzlich Gegenstand politischer Debatten im Kieler Landtag. Der Landesrechnungshof hatte herausgefunden, dass im Gebäude Sitzungen ganz besonderer Art abgehalten wurden – und die fanden nicht in den Gerichtssälen statt. Bei den Planungen hatten die Architekten nämlich nicht nur an Büro- und Sitzungszimmer gedacht, sondern auch an amüsantere Einrichtungen im Kellergeschoss: Eingebaut wurden eine Sauna, ein Fitnesskeller und ein Partyraum. Und zwar, so heißt es in einem Artikel im Hamburger Abendblatt, „ungenehmigt". Das bestreitet der damalige Amtsgerichtsdirektor Peter Feldmann heute noch. „Damals wurde offenbar alles tatsächlich mit Genehmigung und unter Aufsicht des Landes eingebaut", sagt der heutige Amsgerichtsdirektor Reinhardt Wrege.

Was geschah also nach Dienstschluss im Amtsgericht? Alles wäre ein Geheimnis geblieben, wenn der Landesrechnungshof bei der Überprüfung der Abrechnungen nicht darüber gestolpert wäre. Tat er aber. Der Finanzausschuss des Landtages missbilligte ebenso wie der Landesrechnungshof die „nachträgliche Inanspruchnahme öffentlicher Mittel für in den genehmigten Bauunterlagen nicht enthaltende Bauleistungen". Ein in der Bauunterlage als Archiv ausgewiesener 500 Quadratmeter großer Raum sei zum Teil als Partykeller „zweckentfremdet" worden.

Die Amtsgerichtsleitung kam angesichts dieser Missbilligung gehörig ins Schwitzen, auf die Sauna mussten die Mitarbeiter schließlich verzichten. Auf Weisung von Justizminister Klaus Klingner (SPD) wurde der Schwitzkasten wieder ausgebaut und einer gemeinnützigen Einrichtung übergeben. Alles andere blieb, weil Innenminister Claussen (CDU) vor dem Regierungswechsel ja ausdrücklich empfohlen hatte, Fitnessräume in neue öffentliche Gebäude einzubauen.

Tatsächlich kursierten damals Karikaturen über die Gerichtssauna. Schleswig-Holstein amüsierte sich über das Amtsgericht in Norderstedt. Aus Anlass des 50jährigen Bestehens des Norderstedter Amtsgerichts im Jahre 2009 (1959 wurde in einem Einfamilienhaus an der Ochsenzoller Straße mit der Rechtsprechung begonnen) gelangten diese Zeichnungen über die Festschrift noch einmal in die Öffentlichkeit.

So geht's zum Amtsgericht:

Das Gebäude steht an der Rathausallee 80 in Norderstedt.

Carol Stockmar vor dem Gebäude, in dem sein Großvater einst sein Unternehmen gründete und führte. Jetzt ist es Sitz eines Santärunternehmens.

13

Firmengebäude

Hans Stockmar bewies Zivilcourage

In der israelischen Holocaust-Gedenkstätte Yad Vashem in Jerusalem werden mit dem Titel „Gerechter unter den Völkern" Frauen und Männer geehrt, die mit persönlichem Einsatz und unter Gefährdung des eigenen Lebens – oft auch dem ihrer Familien – versuchten, verfolgte Juden zu retten. Von den 26.973 dort aufgenommenen „Gerechten" stammen aktuell nur 601 aus Deutschland. Einer von ihnen hat in Kaltenkirchen gelebt und gearbeitet: Hans Stockmar, 1890 im australischen Sidney geboren (der Vater war Schiffsarzt), 1961 in Kaltenkirchen verstorben. Er gehört zu jenen, die nicht bereit waren, die eskalierenden antijüdischen Maßnahmen des NS-Regimes einfach hinzunehmen. Der Fabrikant bewies Zivilcourage, machte aber selbst kein Aufhebens um seine Aktionen: Erst 35 Jahre nach dem Tod wurde sein Wirken bekannt. Es ist eine Geschichte über Zivilcourage und eine tiefe Freundschaft, der die Staatsraison und das nationalsozialistische Gedankengut nichts anhaben konnten.

Carol Stockmar aus Oersdorf kann sich gut an seinen Großvater, den Fabrikanten aus Kaltenkirchen, erinnern. „Ich war sein Lieblingsenkel, habe aber meine Kindheit in Hamburg verbracht", sagt der Seniorchef der Firma Stockmar, die in Kaltenkirchen seit Jahrzehnten Qualitätsprodukte für Kunst und Kunsterziehung herstellt. „Aber meine Großeltern habe ich sehr oft besucht." Carol Stockmar, der die Geschäfte des von seinem Großvater 1922 gegründeten Unternehmens an der Borsigstraße 40 Jahre lange führte, freut sich, dass die Geschichte von Hans Stockmar nach so vielen Jahren aufgegriffen und bekannt gemacht wird. „Mein Großvater war ein sehr großzügiger Mensch", sagt Carol Stockmar, „schön, dass das einstige Firmengebäude an der Wiesenhofstraße in Kaltenkirchen auch heute noch existiert." Jetzt ist es Sitz eines Sanitärunternehmens, die Hans Stockmar GmbH & Co. KG ist an die Borsigstraße gezogen.

Hans Stockmar hat es damals geschafft eine zentrale Position des Dritten Reiches zu unterwandern: die Vernichtungspolitik gegen die Juden. Damit hat er seine Existenz und vielleicht sein Leben riskiert. In der von ihm gegründeten Firma, die Anfang der 1930er-Jahre etwa 20 Mitarbeiter hatte, steht auch Josef Gelbart in Lohn und Brot, der 1913 mit seinen jüdischen Eltern aus Polen nach Deutschland eingewandert war. Er und seine Familie gehören also zu den verhassten „Ostjuden". Der junge Josef beginnt nach dem Abitur als Lehrling und Imker-Volontär in der Firma Stockmar, wo sich trotz des Altersunterschiedes eine enge persönliche Verbindung zwischen dem Firmenchef und „Jupp" Gelbart entwickelt.

Die Politik der Juden-Eliminierung strebt zu diesem Zeitpunkt einem Höhepunkt entgegen. Polen droht den „Ostjuden" den Entzug der polnischen Staatsbürgerschaft an, Deutschland verweigert ihnen den Aufenthalt im Reich, treibt sie brutal über die polnische Grenze zurück. Josef Gelbart und seine Mutter gehören zu diesen Menschen.

Zunächst läuft alles noch einigermaßen glatt: Josef übernimmt in der

Nähe von Warschau eine kleine Imkerei und Wachszieherei. Aber nach dem deutschen Überfall auf Polen am 1. September 1939 ändert sich ihr Leben radikal. Er und seine Mutter werden in das Warschauer Ghetto deportiert, wo Gelbart nach wie vor Kontakt zu Hans Stockmar in Kaltenkirchen hält. Der Kampf ums Überleben beginnt. Briefe gehen hin und her, Gelbart beschreibt seine Lebensumstände. Stockmar antwortet auch mit Päckchen, in denen er Lebensmittel und Gebrauchsgegenstände versendet, die Josef Gelbart und seiner Mutter eine Zeitlang das Überleben sichern. „Im Übrigen ist es gleichgültig, was sie schicken", steht in einem der Schreiben Gelbarts an Stockmar. „Nur ziehen Sie ihre Hand in diesen dunklen Stunden nicht zurück und verzeihen Sie, dass ich Ihnen so viele Umstände bereite. Aber ohne Brot und Butter bringe ich meine Mutter nie durch." Stockmar, der väterliche Freund, schickt und Gelbart listet die letzten vier Sendungen auf: Jacke, Weste, Strümpfe, Batterie für das Hörgerät, Flocken, Honig, Pullover, Bohnen, Zahnpasta, Seife, Nivea, Grieß, Spaghetti, Kekse.

Für den 2015 verstorbenen Historiker Gerhard Hoch aus Alveslohe, der sich besonders durch die Aufarbeitung der Zeit des Nationalsozialismus in Schleswig-Holstein ausgezeichnet hat, war es nur schwer vorstellbar, wie es Stockmar gelungen ist, über so lange Zeit Pakete und Briefe an eine jüdische Adresse im Warschauer Ghetto zu schicken, ohne jemals mit den Kontrollinstanzen des Dritten Reiches in Konflikt zu kommen.

Erstaunlich auch, dass die Pakete im Warschauer Ghetto ausgetragen und zugestellt werden. Denn die Hilfe, die Hans Stockmar Josef Gelbart zuteilwerden lässt, widerspricht dem vom Naziregime erlassenen Verbot, mit Juden zu sympathisieren. Am 1. Februar 1942 schreibt Gelbart an Stockmar: „Alles ist krank und zermürbt, es gibt kein Wasser, da alles eingefroren ist, keinen Ausguss und überall häuft sich der Schmutz. Ach, es ist alles ohne Ufer ..." Das Ufer erreichen Mutter und Sohn tatsächlich nicht. 1942 verliert sich die Spur der beiden; die letzte Karte trägt das Datum 20. Mai 1942. Vermutlich sind sie im Vernichtungslager Treblinka ums Leben gekommen. Der Vater, der nicht nach Polen deportiert worden war, stirbt 1940 im KZ Sachsenhausen, der Bruder gelangt über ein Auslieferungslager nach Palästina.

Ob sich Hans Stockmar selbst über die Tragweite und Besonderheit seiner Handlungen im Klaren war? Offenbar hat er mit niemandem darüber gesprochen. Erst 1996, 35 Jahre nach seinem Tod, wird sein Briefwechsel mit Gelbart bekannt. Dafür sorgt seine Enkelin Angela Stöckle aus Bad Boll in Baden-Württemberg, die diese Briefe von ihrer Mutter kurz vor deren Tod erhalten hatte. Sie wendet sich an den inzwischen verstorbenen Gymnasial-Geschichtslehrer Konrad Plieninger aus Göppingen, der die Tragweite dieser Schriften erkennt. Für ihn ist klar, dass Vergleichbares bisher nicht bekannt geworden war. In der *Schriftenreihe Jüdisches Museum Göppingen* gibt er die Broschüre *Ach, es ist alles ohne Ufer... Briefe aus dem Warschauer Ghetto* heraus. Darin sind die Briefe auszugsweise abgedruckt und historisch sowie biografisch eingeordnet. Sie geben einen unmittelbaren Einblick in das Ghetto-Leben am Rande des Todes. „Gelbarts sensibler Sprachkunst verdanken wir bedrängende Bilder jüdischen Leidens“, urteilt Plieninger. Und er schreibt von „der helfenden Kraft des menschlichen Dialogs – selbst im Angesicht des Todes“. Die Briefe Stockmars an Gelbart bleiben hingegen verschollen. Josefs Bruder Bernhard, dem Angela Stöckle 1999 in Haifa die Briefe seines Bruders aushändigt, stellt bei der Holocaust-Gedenkstätte Yad Vashem in Jerusalem den Antrag, den Helfer und Mentor seines Bruders mit dem Ehrentitel „Gerechter unter den Völkern“ posthum auszuzeichnen.

Am 22. Oktober 2001 wird diesem Antrag stattgegeben, Bernhard Gelbart ist zu diesem Zeitpunkt bereits verstorben. Am 9. September 2002 werden im Jüdischen Museum Göppingen-Jebenhausen in feierlichem Rahmen Urkunde und Medaille – die höchste Auszeichnung, die der Staat Israel verleiht – an Angela Stöckle stellvertretend für die Familie übergeben. Anwesend sind acht Enkel, drei Urenkel und ein Ururenkel. *Wer immer ein Menschenleben rettet, hat damit gleichsam eine ganze Welt gerettet* – diese Talmud-Worte stehen auf der Medaille.

So geht's zum Firmengebäude:

Es steht in der Wiesenhofstraße 5 in Kaltenkirchen.

Erwin Möller vor dem geheimnisvollen Schild am Vordach. Er hält ein Bild des alten Altonaer Hofs in der Hand, der bis 1957 an dieser Stelle stand.

14

Schild

Täglich Tanz ab 16 Uhr

Ein schlichtes Schild an einem Hochhaus an der Ochsenzoll-Kreuzung in Norderstedt verblüfft die Passanten. Es wurde dort vor einigen Jahren angebracht, aber eine Erklärung gibt es nicht. *Einkaufseck Altonaer Hof* steht dort direkt unter dem Reklameschild für ein Wäschegeschäft. Warum heißt die Einkaufszeile Altonaer Hof? Was hat Norderstedt – und was hat diese Ecke – mit Altona zu tun? Einer, der sich in dieser Geschichte ganz genau auskennt, ist Erwin Möller vom Langenhorn-Archiv, in dem er alles über Langenhorn und teilweise auch die angrenzenden Bezirke sammelt.

Die Geschichte reicht zurück in eine Zeit, die dem Grenzbereich zwischen Hamburg und Schleswig-Holstein seinen Namen gegeben hat: der Ochsenzoll. Die gleichnamige U-Bahn-Station in Langenhorn, die Ochsenzoller Straße und der Schmuggelstieg erinnern an die

Hochzeit der Ochsentreiber. In der großen Zeit des Ochsenhandels zwischen dem 15. und 18. Jahrhundert wurden jährlich bis zu 50.000 Ochsen von Jütland durch Schleswig-Holstein getrieben.
Einer der Wege führte über Ulzburg zum Ochsenzoll. „Und da die Treiber ohnehin ihren Zoll entrichten mussten, wenn sie am Ende der heutigen Ulzburger Straße angekommen waren, machten sie hier auch gleich Pause. Und zwar im *Ossenkroog*, dem Vorläufer des Altonaer Hofes und heutigen Geschäftsgebäudes", sagt Erwin Möller. Doch als um 1840 die Chaussee von Altona nach Bad Oldesloe, die Ohechaussee/Segeberger Chaussee, gebaut wurde, musste die Zollstation nach Süden, zur Langenhorner Chaussee, verschoben werden. Denn nur hier erreichte man die Benutzer, die von Hamburg in Richtung Segeberg, Schnelsen oder Ulzburg fahren wollten. Für die neue „Kunststraße" hatten die Nutzer Wegegeld zu bezahlen. Es bot sich also an, ein Wegegeldeinnehmerhäuschen an der Ecke Langenhorner Chaussee und Segeberger Chaussee zur errichten. In Richtung Hamburg wurden Zoll und Straßengebühren an ein und derselben Stelle erhoben.

Gleichzeitig hatte die dänische Regierung ein Gebäude für die Zollverwaltung errichtet, die für den ganzen Bereich rund um Hamburg zuständig war. So entstanden das Hauptzollgebäude – der spätere „Parkhof", und das Wohnhaus des Zollverwalters, das noch heute an der Segeberger Chaussee steht. Der Gasthof Dieckmann an der Langenhorner Chaussee 700 lag gegenüber der Zollverwaltung.

Der Ossenkroog blieb als Relikt des Garstedter Zolls übrig, hieß nun wegweisend *Altonaer Hof* und avancierte zu einem Etablissement, in dem sich die vornehmen Leute trafen. „An Wochenenden bat der Gastwirt zum Tanz, und wer sich amüsieren wollte, musste sich fein machen", sagt Erwin Möller. Die jungen Frauen vom Lande sahen die Chance, einen Mann kennenzulernen, der ihnen womöglich ein angenehmeres Leben bieten konnte als die anstrengende Arbeit auf Hof und Feld. Doch der Fußweg in den Tanzsaal war weit – zu weit und holprig, um ihn in den teuren Tanzschuhen zurückzulegen. „So schlüpften die Mägde zunächst in ihre Gummistiefel und tauschten sie erst kurz vor dem Ziel gegen leichtes Schuhwerk, mit dem sie auf dem Parkett bestehen konnten."

Doch der Altonaer Hof war nicht nur beliebt bei Ausflüglern. Um 1914 befand sich in dem Gebäude an der Ohechaussee 4 auch die erste Arztpraxis in Garstedt.

Nicht immer allerdings funktionierte der „kleine Grenzverkehr" so reibungslos: Aus den Unterlagen von Erwin Möllers Langenhorn-Archiv geht auch hervor, dass die unklaren Verhältnisse im „Dreiländereck um den Ochsenzoll" immer wieder Grenzstreitigkeiten zwischen Garstedt, Harksheide und Hamburg provozierten. Und das über Jahrhunderte. „1949 war der Altonaer Hof ein herrlicher Restaurantgarten mit Tanzfläche, täglich ab 12 Uhr geöffnet. Zum Tanz täglich ab 16 Uhr (bei günstiger Witterung im Freien) spielt im August Henry Baldower und sein dezent modernes Sextett mit Hedy Hillesheim, bekannt durch Radio Stuttgart und Radio Frankfurt", heißt es einer *Garstedt-Chronik*. Aber auch die Popularität der Musiker konnte die Existenz der Gaststätte nicht sichern: Im Januar 1955 teilt der stellvertretende Bürgervorsteher von Garstedt, Helmut Mikat, im Garstedter Rathaus mit, dass der Altonaer Hof zwangsversteigert werden müsse. Allerdings wollte die Gemeinde nicht auf Steuereinnahmen aus dem gastronomischen Betrieb verzichten. Die „Royal Ballspiel-Gesellschaft" sollte im geschichtsträchtigen Haus ein Spielcasino eröffnen.

Mitte der 50er-Jahre wurde der Komplex erweitert, doch schon im April 1957 endete die Lebenszeit der Gastwirtschaft. Ein Brand vernichtete das halbe Gebäude. 21 Bewohner wurden obdachlos. Der Fuhlsbütteler Architekt Friedrich Hoppe, der den Komplex von der Familie Habermann gekauft hatte, baute das Gebäude wieder auf. Zu Pfingsten 1958 traf man sich dort wieder zu Tanz und Musik im neu eröffneten *Altonaer Hof*, der dann allerdings den Ladengeschäften weichen musste.

So geht's zum Schild:

Das Schild hängt an dem Geschäfts- und Wohnhaus, das direkt an der Ecke Ohechaussee / Ulzburger Straße steht.

Tief unter dem Hügel liegt seit Jahrtausenden wahrscheinlich ein Baumsarg mit den Überresten eines Toten.

15

Hügelgrab

Geheimnisvoller Käufer

Ein Hügelgrab ist eine gestreckte, runde oder ovale Erdaufschüttung, in der sich menschliche Leichen oder andere Vorzeitmonumente aus der Vergangenheit befinden. So werden Anlagen dieser Art für gewöhnlich beschrieben. Es gibt in Schleswig-Holstein und auch im Kreis Segeberg einige – rund 300 sind es landesweit, genau acht davon im Kreis Segeberg. Das geht aus der Liste der schleswig-holsteinischen Großsteingräber hervor, zu denen auch die Hügelgräber gehören.

Der Kreis Segeberg ist dabei auf bedauerliche Weise auffällig: Nirgends sonst gibt es so viele zerstörte Grabanlagen. 30 Gräber wurden im Laufe der Jahrhunderte auf vielfältige Weise demoliert und im wahrsten Sinne des Wortes dem Erdboden gleichgemacht. Vermutlich durch Grabräuber oder übereifrige Lehrer, die ihren Schülern etwas Besonderes bieten wollten. Davon geht jedenfalls das Archäologische

Landesamt aus. Im Kreis Segeberg liegt aber auch ein Hügelgrab, das ganz besonders geheimnisumwittert ist: Es ist das einzige Grab, das nicht der öffentlichen Hand, also dem Bund, gehört. Ein Privatmann oder eine Privatfrau hat die 3.700 Jahre alte denkmalgeschützte Ruhestätte in Högersdorf ersteigert. Weder die Archäologen im Landesamt noch die Gemeinde Högersdorf weiß, wer das Grab erworben hat.

Naturschutzbeaufragter Klaus Heinrich Doose weiß nicht, wer das Hügelgrab, auf das dieses Schild hinweist, gekauft hat.

Wer ersteigert einen 341 Quadratmeter großen Grabhügel, der sich zwei Meter hoch in den Himmel des 410-Einwohner-Dorfes Högersdorf bei Bad Segeberg erhebt? Bürgermeisterin Renate Wieck ist immer noch ratlos. Aus Gründen des Datenschutzes hat sie nie erfahren, wie die Internetversteigerung des Grabes im Jahre 2011 ausging. Mindestens 1.100 Euro – wahrscheinlich mehr – musste der Käufer ausgeben. Denn bekannt ist, dass damals einer der Bieter bei diesem Betrag ausgestiegen ist. „Es hat sich mir niemals jemand als Eigentümer des Hügelgrabs zu erkennen gegeben", sagt die Bürgermeisterin. Auch in der Liegenschaftsabteilung des Amtes Leezen gibt es keine Erkenntnisse über den Käufer. An dem „unscheinbaren Grab", das etwas außerhalb der kleinen Gemeinde im Ortsteil Rotenhahn liegt, sei seitdem nicht erkennbar etwas verändert worden.

Ein Hinweisschild an der B 206 weist in die Richtung der seit 1967 denkmalgeschützten Grabstätte eines Unbekannten. Oberhalb der sterblichen Überreste wölbt sich eine Erdschicht mit einem Durchmesser von elf Metern. Eine Treppe führt auf die Spitze des Hügels. Auch Högersdorfs Naturschutzbeauftragter Klaus Heinrich Doose sagt: „Es ist und bleibt ein Rätsel." Er ist in Högersdorf und Umgebung viel in der Natur unterwegs, das Hügelgrab besucht er besonders gerne.

Die 341 Quadratmeter große Fläche war öffentliches Eigentum und wurde von der Bundesanstalt für Immobilienaufgaben (BImA) verwaltet – bis zu der Versteigerung über ein Internetportal. Irgendwann fiel auf, dass der Nutzen des Hügelgrabs für den Staat kaum messbar ist. Die Anstalt entschied sich für eine Versteigerung im Internet. Das ist bis heute eine große Ausnahme geblieben. „Ich kann mich nicht erinnern, dass so etwas sonst noch vorgekommen ist", sagt Hermann-Josef Huber, zuständig für den Immobilienverkauf der BImA in Schleswig-Holstein, Hamburg und Mecklenburg-Vorpommern.

Vor sieben Jahren jedenfalls erschien die Immobilie als „zu kleinteilig und zu unwirtschaftlich". Für manche scheint der Besitz eines Hügelgrabes aber von großem Interesse zu sein. Doose: „Bundesweit gab es damals eine Reihe von Bietern, die den vorgeschichtlichen Grabhügel südlich der B 206 erwerben wollten."

Egal, wer die Fläche erworben hat, wirtschaftlich nutzen darf sie niemand. Die strengen Richtlinien des Denkmalschutzes verbieten zum Beispiel jegliche Grabungen, um im Innern des Hügels Ruhestörungen des ersten „Nutzers" und die Entnahme archäologischer Gegenstände zu vermeiden. „Denn die gehören nach wie vor dem Land Schleswig-Holstein", sagt Birte Anspach, Pressesprecherin des Archäologischen Landesamtes. „Wer dagegen verstößt, begeht eine Straftat", ergänzt Diplom Prähistoriker Eicke Siegloff vom Landesamt. Er weiß allerdings, dass der neue Eigentümer oder die Eigentümerin am Zustand des Hügelgrabs tatsächlich nichts geändert hat, und vermutet, dass hinter dem Kauf eine gehörige Portion Enthusiasmus steckt, denn immerhin ist der Besitz auch mit Auflagen verbunden: Ein solcher Hügel muss gepflegt werden. „Geld ist damit auf keinen Fall zu verdienen", sagt Eicke Siegloff.

Das Landesamt geht davon aus, dass sich tief in dem Hügel ein Baumsarg mit einem Toten und jede Menge Beigaben befindet. Wer dort seit Jahrtausenden liegt, ist nicht überliefert.

So geht's zum Hügelgrab:

Das verkaufte Hügelgrab liegt an der B 206 im Högersdorfer Ortsteil Rotenhahn. An der Bundesstraße steht ein Hinweisschild.

Hans-Peter Sparr hat über die Geschichte der Kalkberg-Arena ein Buch geschrieben.

16

Kalkberg-Arena

Winnetou und Max Schmeling

Über 380.000 Besucher kommen jedes Jahr, um die Abenteuer von Winnetou und Old Shatterhand zu erleben: Das Freilichttheater am Segeberger Kalkberg ist längst zu einem Publikumsmagneten geworden. Und das liegt nicht nur an den Karl-May-Festspielen, sondern auch an den vielen Rock- und Schlagerstars, die vor der Karl-May-Saison im Mai auftreten. Kaum ein Besucher weiß vermutlich, dass hier kurz nach dem Krieg der bekannteste deutsche Boxer im Ring gestanden hat. Und dass der Reichspropagandaminister die Arena einst einweihte, möchten viele Segeberger lieber vergessen.

Der 91 Meter hohe Kalkberg ist in der Kreisstadt allgegenwärtig. Die über befestigte Wege erreichbare Gipfelplattform gehört zu den beliebtesten Aussichtspunkten. Der Blick reicht rundum, bei guter Sicht bis zu den Kirchtürmen Lübecks. Eine Treppe führt vom Gipfelweg aus zum Rand des noch rund 43 Meter tiefen Brunnenschachtes der ehemaligen Siegesburg. Das Freilichttheater gehört seit 1937 zum Kalkberg.

Der Segeberger Journalist, Fotograf und Autor Hans-Peter Sparr kennt die Geschichte dieses Theaters ganz genau: Er hat sie erforscht, hat in Archiven gewühlt und dabei Erstaunliches zutage gefördert. Sein Buch *Der Kalkberg, Naturdenkmal und Wahrzeichen der Stadt Bad Segeberg* gibt einen Einblick in die wechselhafte Geschichte dieser Kulturstätte.

Die Nationalsozialisten hatten den Kalksteinbruch einst als „Thingplatz" auserkoren. Thingspiele sollten den Einzelnen hauptsächlich ein emotionales und ethisches Aufgehen in Heimat- und Volksgemeinschaft erleben lassen. Über 400 waren in Deutschland geplant, aber nur 60 wurden tatsächlich gebaut und heute sind nur noch wenige in Betrieb. Neben dem Segeberger Freilichttheater sind es zum Beispiel noch die Berliner Waldbühne und das Freilichttheater an der Loreley bei St. Goarshausen in Rheinland-Pfalz. „Kein anderes Freilichttheater in Europa ist bis heute so kontinuierlich genutzt worden", sagt Hans-Peter Sparr, „das liegt natürlich vor allem an den Karl-May-Spielen."

Nur wenige kennen vermutlich die Geschichte dieser Open-Air-Arena, die jährlich bis zu 450.000 Besucher anlockt. Sie begann vor über 80 Jahren mit einem spektakulären Bauprojekt, das von Berlin aus gelenkt wurde. Männer des Arbeitsdienstes, viele von ihnen aus Hamburg, gingen ans Werk – zunächst als Freiwillige, ab 1935 als Pflichtarbeiter des Reichsarbeitsdienstes. Zwischen 1934 und 1937 wurden auf dem Gelände 15.000 Kubikmeter Boden bewegt und 3.000 Kubikmeter Kalkstein weggesprengt sowie 1.200 Tonnen Granit aus Schlesien für den Bau der Treppenstufen angefahren und verbaut. Auf 125.248,99 Reichsmark lautete die Schlussrechnung – der Berliner Regierungsbaumeister Fritz Schaller hatte ursprünglich 20.000 Reichsmark für das ehrgeizige Projekt veranschlagt.

Am 10. Oktober 1937 dann der große Tag für Bad Segeberg, den die Segeberger heute allerdings lieber aus der Stadtgeschichte streichen würden: Reichspropagandaminister Dr. Joseph Goebbels reist an, um die „Nordmark-Feierstätte" zu eröffnen. 20.000 Segeberger und Zugereiste begrüßen ihn mit tosenden Heilrufen. „Die 20.000 erheben sich wie ein Mann und grüßen Dr. Goebbels, den Schildträger der Kultur des neuen Deutschlands mit einem Begeisterungssturm ohne gleichen", schreibt ein Chronist. Goebbels' Worte sind markig: „Diese Stätte soll eine politische Kirche sein, in der für Jahrzehnte und Jahrhunderte die Menschen zu wahren Nationalsozialisten erzogen werden." In Wirklichkeit dachte der Propagandaminister nüchterner über seinen Segeberg-Besuch: „Die Feierstätte ist ganz passabel. Kein Kunstwerk, aber immerhin erträglich", schreibt er später in sein Tagebuch.

Nach dem Krieg wurde das Kalkbergstadion für verschiedenste Veranstaltungen genutzt. Bereits im Oktober 1945 fanden die ersten Box-Freilichtveranstaltungen statt. Am 6. Oktober bestritt Hein ten Hoff gegen Hans Kupsch seinen zweiten Profikampf und wurde Sieger durch k.o. in der dritten Runde. Denkwürdig ist jener Tag vor allem durch den Ringrichter: Max Schmeling, der damals wegen seiner angeblichen Nähe zu den Nazis noch Boxverbot hatte, war nach Bad Segeberg gekommen und fungierte als Ringrichter. Hans-Peter Sparr: „Es ist heute schwer zu sagen, wer mehr Aufmerksamkeit auf sich zog: Max Schmeling oder aber der spätere Schwergewichts-Europameister ten Hoff." Für Schmeling hatte der Auftritt noch ein unangenehmes Nachspiel: Er landete für eine Nacht im Polizeigefängnis, weil er im Freilichttheater als Ringrichter aufgetreten war. 1984 kehrte Max Schmeling übrigens noch einmal an den Kalkberg zurück: „Er wurde zum Ehrenhäuptling der Karl-May-Spiele ernannt", sagt Hans-Peter Sparr.

Die Kalkberg-Arena lockt jährlich fast eine halbe Million Besucher an.

Die Open-Air-Saison am Kalkberg beginnt am ersten Mai-Wochenende und endet am ersten Wochenende im September. Zunächst gibt es Rock- und Schlagerkonzerte, dann folgen die Karl-May-Spiele. Seit 1987 ist die Zuschauerzahl streng reglementiert – 10.000 Besucher sind zugelassen. Früher durften bis zu 15.000 Menschen kommen, aber das änderte sich nach einem Konzert der amerikanischen Beach Boys: Das Stadion war überfüllt, Zuschauer blockierten die Aufgänge, die Sicherheit war gefährdet. Rettungskräfte hätten sich im Ernstfall keinen Weg bahnen können. Danach wurden die behördlichen Auflagen strenger.

Nach Ende der Karl-May-Spiele wird der Schwerpunkt auf den Fledermausschutz gelegt (siehe Geheimnis 23). Der letzte Versuch, nach der Indianer-Saison einen musikalischen Volltreffer zu landen, scheiterte im Jahre 2001: Ein Konzertveranstalter wollte Jennifer Lopez auftreten lassen – abgelehnt: Die Fledermäuse, die um diese Zeit beginnen, die Kalkberghöhlen als Winterquartier aufzusuchen, haben Vorrang.

So geht's zur Kalkberg-Arena:

Der Eingang der Open-Air-Arena liegt am Karl-May-Platz in Bad Segeberg. Die Aussichtsplattform ist über eine Treppe am Kalkberg zu erreichen.

Christa Heise-Batt vor dem Gebäude, das Ernst Bader 1956 bezog. Sie wohnte im Haus direkt gegenüber. In der Hand hält sie ein Foto von Ernst Bader.

17

Wohnhaus

Ernst Bader und das verschwundene Klavier

Es ist ein unscheinbares Haus am Binsenstieg in Norderstedt. Gemütlich sieht es aus, aber es ist nichts Besonderes. 50er-Jahre-Stil. Es unterscheidet sich kaum von den Gebäuden in der Nachbarschaft. Nichts deutet darauf hin, dass genau hier vor sechs Jahrzehnten die Sehnsucht der Deutschen nach der großen weiten Welt in Verse gegossen wurde. Am Klavier hat Ernst Bader (1914-1999) hier die Texte für einige der größten Schlager der Nachkriegszeit verfasst.

Das Haus des Texters steht noch, aber wo steht heute das Klavier des Mannes, der einst mit seinen Schlagern reich geworden ist? Das bleibt ein Geheimnis. Doch hinter diesem Geheimnis steckt eine absurde Geschichte, die auch ein Licht auf die Machenschaften im Showgeschäft wirft. Und sie zeigt, dass Ernst Bader ein ungewöhnlicher Mensch war.

Als Komponist ist der 1914 in Stettin geborene Ernst Bader nicht bekannt geworden. Zwar gibt es Melodien aus seiner Feder, doch die spielen in seiner Erfolgsgeschichte keine große Rolle. Das Klavier allerdings beherrschte er gut, und es war ein unerlässliches „Werkzeug" für seine Arbeit. Note für Note musste mit Text unterlegt werden – und das funktionierte nur am Klavier. Bereits bekannte Melodien, die Komponisten aus Frankreich oder den USA geschrieben hatten, oder frische Melodien hiesiger Komponisten: Ernst Bader betextete alle. Mehr als 900 Songs in knapp zwei Jahrzehnten hat er geschaffen. Viele landeten in den Hitparaden, einige sind zu Evergreens geworden, die bis heute bei Konzerten gespielt werden. *Tulpen aus Amsterdam* ist so ein zeitloser Klassiker. Ralf Arnie schrieb die Melodie, Ernst Bader den Text. Der größte Hit aber war der Schlager *Heimweh*, den Freddy Quinn 1956 in der Hamburger Musikhalle aufnahm und zu einem grandiosen Erfolg machte. Im Original sang Dean Martin *Memories are made of this*.

Bevor Ernst Bader 1996 das Haus am Binsenstieg räumte, um seinen Lebensabend im Altenheim Scheel zu verbringen, vermachte er seine Utensilien vielen Freunden. „Ernst Bader hatte ein offenes Herz für alle", sagt die Schriftstellerin und Norderstedter Kulturpreisträgerin Christa Heise-Batt, die im Haus direkt gegenüber wohnte und bis zu seinem Tode eine enge Freundin war. „Und ein stets offenes Portemonnaie."

Manches landete später im St.-Pauli-Museum an der Davidstraße, denn der Norderstedter war ein finanzieller Förderer dieses Hauses. Das Bader-Klavier allerdings gelangte nicht in das Museum. Der bekannte Fotograf und Buchautor Zint kennt die aberwitzige Geschichte des Bader-Klaviers – das exakte Ende der Geschichte aber kann auch er nicht benennen. Mit dem Museumsgründer Günter Zint verband Bader eine lange Freundschaft. Auch Zint und Christa Heise-Batt kennen sich.

Ernst Bader war Zeit seines Lebens ein religiöser Mensch, der sich davor scheute, irgendwelche Feinde zu haben. Zumindest zwischen einem recht bekannten Mann aus Hamburg und ihm gab es aber Spannungen – um es wohlwollend auszudrücken: Ein Musiker und Musikproduzent – der Name darf hier aus rechtlichen Gründen nicht genannt werden – hatte sich offenbar einige unveröffentlichte Lieder von Ernst Bader unter den Nagel gerissen und unter seinem Namen veröffentlicht. Verständlich, dass der Norderstedter Texter nicht amüsiert war. Statt aber rechtliche Schritte einzuleiten, ging Bader einen anderen Weg: Er schenkte diesem Mann mit dem bekannten Namen sein Klavier und sein Harmonium. Feindesliebe statt Rache und Gewalt, dieses Motto aus der Bergpredigt war auch ein Lebensmotto für Ernst Bader.

Das Ergebnis der Schenkungsaktion war seltsam: Schon wenige Tage später tauchte im *Abendblatt* eine Verkaufsanzeige auf, die eindeutig auf den beschenkten Musikproduzenten zurückzuführen war. „Klavier und Harmonium zu verkaufen[...]". Ernst Bader setzte sofort Günter Zint in Bewegung. „Ich sollte beides zurückholen. Der gute Mann hatte also nichts Besseres vor, als beides sofort zu Geld zu machen."

Zint fuhr im Auftrage Baders zur Wohnung des Produzenten, um das Geschenkte zurückzuholen. Das Harmonium konnte er noch beschaffen, das Klavier allerdings war schon verkauft. Bis heute ist nicht bekannt, wo es landete und ob es noch existiert.

Die Gräben zwischen dem Hamburger Musikproduzenten und dem Norderstedter Schlagertexter und späteren Buchautor Ernst Bader waren nun also größer als zuvor. Trotzdem bedachte er den Erzfeind noch in seinem Testament. „Ernst Bader wollte ohne Feinde in den Himmel gehen", sagt Günter Zint. Einige Tausend Mark überschrieb er dem Produzenten, der sich über diese finanzielle Wohltat vermutlich sehr gefreut haben dürfte – auch wenn er den Grund dafür bis heute nicht erkannt hat.

Ernst Bader hatte 1952 begonnen, sein Haus am Binsenstieg im damaligen Garstedt zu bauen. Aber erst 1956 konnte er es beziehen: Wenn die Tantiemen flossen, steckte er das Geld in den Bau, war weniger vorhanden, ruhte die Baustelle. So konnte er schließlich mit seiner Schwester und seiner Mutter ein schuldenfreies Haus beziehen. Bis Ende der 1960er-Jahre schrieb er hier die Texte für viele große Schlager: *Am Tag als der Regen kam, Milord, Einmal weht der Südwind wie-*

der oder *The Peppermint Twist* und *Quando, Quando, Quando*. 1966 konnte er zusammen mit seinem engen Freund Freddy Quinn seinen letzten Nummer-Eins-Hit landen: *Hundert Mann und ein Befehl.*
Später schrieb Ernst Bader nur noch sporadisch Schlagertexte, lebte aber bequem von seinen bis dahin entstandenen Werken. Denn bis zum heutigen Tag erscheinen sie immer wieder neu als „Best of" der verschiedenen Schlagerstars. Zudem sicherte er sich von etlichen Songs die deutschen und europäischen Rechte.

In den letzten drei Jahrzehnten seines Lebens widmete er sich dem Verfassen von Büchern. Als Dozent der Hamburger Musikhochschule vermittelte er den Studenten, wie wirkungsvolle Liedertexte geschrieben werden können. Hamburg ehrte Ernst Bader 1994 anlässlich seines 80. Geburtstags mit der Biermann-Ratjen-Medaille. Im Norderstedter Ortsteil Glashütte ist eine Straße nach ihm benannt.

Christa Heise-Batt lernte in Baders Haus viele Prominente kennen: Bert Kaempfert, Nana Mouskouri, Charles Aznavour oder Freddy Quinn. Bader schenkte ihr sogar eine Original-Zeichnung von Charles Aznavour; sie hängt in ihrem Wohnzimmer. „Er war einfach ein rundherum netter Mensch, dem niemand böse sein konnte."
Ernst Bader verstarb im August 1999, sein Grab liegt auf dem Garstedter Friedhof. Der Grabstein ist mit einem Spruch aus dem Lukas-Evangelium versehen: *Himmel und Erde werden vergehen, aber meine Worte vergehen nicht.* Tatsächlich sind Ernst Baders Texte bis heute unvergessen.

So geht's zum Wohnhaus:

Das ehemalige Wohnhaus von Ernst Bader steht im Binsenstieg 16 im Norderstedter Ortsteil Garstedt.

Dieser Gedenkstein steht auf dem Gelände eines Bauernhofes im Ortsteil Kisdorferwohld. Familie Fölster ist jetzt Betreiber des Hofes, vorher war es die Familie Warn.

18

Schnapphahn-Stein

Die Kisdorfer Schnapphähne am Strietkamp

Wenn der SSC Phoenix Kisdorf seine Heimspiele austrägt, finden die Fußballschlachten auf der Sportanlage am Strietkamp statt. Natürlich geht es dabei weitgehend friedlich zu. Zumindest ist aus der jüngeren Vergangenheit nicht bekannt, dass irgendwelche Spieler nachhaltige Schäden an Leib oder Seele erlitten hätten. Das war allerdings mal anders: In früheren Jahrhunderten wurden genau dort richtige Schlachten ausgetragen – und dabei fügten sich die Menschen gegenseitig erheblichen Schaden zu. Auf dem Strietkamp-Gelände kämpften die Schnapphähne gegen die Schweden. Ein Fußball war nicht im Spiel.

Die Schnapphähne – das klingt zunächst mal ungefährlich, vielleicht etwas verspielt. Tatsächlich aber steckte dahinter eine besondere

Bewegung: Es waren Widerstands- und Freiheitskämpfer, die – militärisch nicht ausgebildet und nur mit bescheidenen Mitteln ausgerüstet – ihre Heimat verteidigen wollten. Hätte es die Schnapphähne nicht gegeben, würde die Siegesburg auf dem Kalkberg wohl heute noch stehen.

In Kisdorf haben die Schnapphähne großen Eindruck hinterlassen. Die Spuren sind bis heute zu erkennen: Neben der Straßen- und Flurbezeichnung *Strietkamp* gibt es in Kisdorferwohld das Flurstück *Schnapphahnstieg* und einen landwirtschaftlichen Weg, der diesen Namen trägt. Nahe der Einfahrt zum Bauernhof Fölster steht auf einem großen Findling der Hofname *Schnapphahn* mit den Jahreszahlen, die für diesen Hof bedeutsam sind: *1560, 1848, 1998*. Bis 1560 lassen sich die Daten der Hofbesitzer zurückverfolgen. 1848 siedelte der damalige Hofbesitzer von Kisdorf in den Kisdorferwohld. 1998 brannte der Bauernhof ab, wurde aber wieder neu aufgebaut. Familie Fölster hat nichts mit den Schnapphähnen zu tun. Sie wählte den Namen für ihren Hof, weil er auf dem Flurstück Schnapphahnstieg liegt.

Die Kisdorfer Ortschronistin Marlene Hroch hat mit Dr. Klaus Huber und Bernhard Kröger in einem kulturgeschichtlichen Arbeitskreis die Geschichte der Schnapphähne verfolgt und ausgearbeitet. „Schnapphahn" leitet sich von dem mittelhochdeutschen Wort „snap" (das Schnappen, der Straßenraub) ab und war ein Sammelbegriff für Räuber, Rebellen und Freiheitskämpfer. Hroch: „In Holstein entstand die Schnapphahn-Bewegung Ende des Dreißigjährigen Krieges während des Dänisch-Schwedischen Krieges von 1643 bis 1645, bei dem es hauptsächlich um die Vormachtstellung im Ostseeraum ging."

Das angreifende Schweden besetzte das heutige Südschweden, damals noch dänisches Gebiet, und Holstein, das herzogliches Gebiet von König Christian IV. von Dänemark war. Nachdem sie sich anfangs friedlich verhalten hatten, begannen die schwedischen Soldaten bald, die Bevölkerung zu berauben – sie legten Brände und erpressten Lebensmittel. „Die Zivilbevölkerung litt erbärmlich unter den schwedischen Besatzern", heißt es in der Chronik der Gemeinde Kisdorf.

Die Widerstandsbewegung formierte sich, denn die Einheimischen wollten weiterhin zu Dänemark gehören und ihre Heimat verteidigen. Marlene Hroch: „Die Schnapphähne unterstützten mit ihren Aktionen die dänische Armee im Kampf gegen die Schweden." In Holstein rekrutierten sie sich aus Bauern, Kätnern, Gutstagelöhnern (Insten) und Soldaten. Sie nannten sich „die fryen holsteinischen Knechte".

Sie organisierten sich selbst, handelten autonom und bildeten 40 Mann starke „Rotten". Ihr erklärtes Ziel war es, die schwach geschützten Versorgungs- und Nachschubkolonnen der schwedischen Armee auf den Handelsstraßen von Hamburg nach Lübeck oder auf dem alten Heerweg nach Norden, der auch durch Kisdorfer Gebiet im Westen des Dorfes führte, anzugreifen und zu berauben. Wie damals gekämpft wurde, ist heute noch in einem Kriegstagebuch nachzulesen, das damals auf der Festung Glückstadt geführt wurde.

So hatte am 3. April 1644 die zweite „Rotte" durch Späher erfahren, dass der schwedische Oberst Schlebusch mit 50 Reitern und 400 Ochsen von Altona auf dem alten Heerweg über Kisdorf kommen sollte. Hans Brunst aus Schmalfeld, Führer der „Rotte", versteckte seine Leute im Westerwohld, westlich des Heerweges, der heutigen Hamburger Straße. Mit einem Blitzangriff überfielen sie die schwedische Kolonne, die völlig überrascht war. Die Schweden wichen nach Osten aus und – nach einem kurzen Kampf auf dem Flurstück „Strietkamp" – flohen sie gen Süden. Die Schnapphähne brachten die erbeuteten Ochsen zur Festung Glückstadt, wo sie 1.000 Reichstaler Belohnung erhielten. Marlene Hroch und ihre Kollegen im Arbeitskreis stellen aber auch fest, dass die Kämpfe für die Schnapphähne nicht immer glücklich ausgingen. Bei Quickborn wurden sie von den Schweden in eine Falle gelockt, gefangen genommen und anschließend auf derbste Weise gefoltert und zu Tode gequält. Denn die Freiheitskämpfer galten bei den Schweden als „heimtückisches, räuberisches Lumpenpack, als Krawallmacher und

Marlene Hroch vor dem Kisdorfer Sportzentrum mit dem historischen Namen „Strietkamp".

Bauerntölpel". Die Schnapphähne wurden von ihnen als vogelfrei erklärt und konnten ohne Gerichtsverfahren hingerichtet werden.

Die Siegesburg auf dem Kalkberg wurde schließlich auch Opfer der schwedischen Rache: Weil ein Segeberger Amtmann die Schnapphähne in ihrem Kampf unterstützt hatte, zerstörte eine schwedische Abteilung die Burg nachhaltig. Am Ende des Dreißigjährigen Kriegs stand nur noch die Ruine der Burg, später wurden auch diese Mauern abgetragen. Die Siegesburg wurde nie wieder aufgebaut.

Die Kriegsschäden waren für viele Dörfer im damaligen Amt Segeberg, dem heutigen Kreis Segeberg, katastrophal. Der Bauernvogt Harmen von Hatten nennt in einer Liste die Namen aller Hufner in Kisdorf, deren Gehöfte 1644 abgebrannt waren und die keine Steuern mehr zahlen konnten. Es waren 14 Vollhufen, zwei Halbhufen, fünf Drittelhufen und elf Viertelhufen. Der Amtmann Casper von Buchwaldt zählte im ganzen Amt 296 abgebrannte Häuser.

55 Jahre später, im Nordischen Krieg, als abermals schwedische Truppen in Holstein agierten, wurden die Schnapphähne noch einmal aktiv. Am 22. August 1700 griffen freie holsteinische Knechte unter Führung des Cornets Hans Pohlmann, der vorher Kirchspielvogt in Kisdorf war, eine schwedische Aufklärungsabteilung an, die im Kisdorfer Wohld operierte. Gekämpft wurde auf den Flurstücken Striedbrook und Schnapphahnstieg in Kisdorferwohld – dort, wo heute der Hof der Familie Fölster steht. Vier Schnapphähne starben auf dem Feld.

So mutig die Männer aus Kisdorf und Umgebung auch waren, den Lauf der Geschichte konnten sie nicht aufhalten. Die Kisdorfer Historiker um Marlene Hroch, Klaus Huber und Bernhard Kröger kommen zu der Einschätzung, dass die Schnapphähne die Entwicklung der Kriegsereignisse nur in geringem Maße beeinflussen konnten.

So geht's zum Schnapphahn-Stein:

Der Findling steht im Ortsteil Kisdorferwohld, Segeberger Straße 49.

Über die Gleisanlagen wurde das Rohmaterial zu diesen Munitionshäusern angeliefert. Die Anlage ist bis heute unverändert.

19

Munitionshäuser

Hier ließen die Nazis Granaten bauen

Die Geschichte der Stadt Wahlstedt ist eng mit der Zeit des Nationalsozialismus und den Vorbereitungen auf den Zweiten Weltkrieg verbunden. Von den etwa 100 Gebäuden des ab 1937 im Zuge der Aufrüstung entstandenen Marine-Artillerie-Arsenals Wahlstedt stehen noch 70. Sie werden bis heute von vielen Industriebetrieben genutzt. Von den einst 233 Munitionshäusern im Segeberger Forst, im Volksmund „Bunker" genannt, existieren nur noch sieben. Sie befinden sich im Besitz von Unternehmen und Privatpersonen.

Peter Koch, zweiter Vorsitzender der hiesigen Volkshochschule und ehrenamtlicher Mitarbeiter des Heimat- und Handwerksmuseums Wahlstedt, erklärt Besuchern gerne die Geschichte, die dahintersteckt. Im Jahr 1937 begann in dem Ort der Aufbau des Marine-Artillerie-Arsenals Fahrenkrug, das zur Vergrößerung des Kieler Marinezeug-

amtes gebaut wurde. Der Name des Nachbarortes Fahrenkrug wurde gewählt, weil vom dortigen Bahnhof das Anschlussgleis zum Arsenal gelegt wurde.
Auf einer Fläche von 314 Hektar, umgeben von einem zehn Kilometer langen und zwei Meter hohen Maschendrahtzaun, wurde bis 1945 in großen Mengen Küsten- und Schifffahrtsartilleriemunition aus zugelieferten Einzelteilen produziert. Leere Hülsen wurden wiederhergestellt, Geschütze der Küstenartillerie umgerüstet und instandgesetzt. Das Marine-Artillerie-Arsenal Fahrenkrug-Wahlstedt hatte im Mai 1945 eine Gesamtbelegschaft von 1.991 Personen – viele von ihnen Zwangsarbeiter. Begonnen hatte die Produktion 1939 mit 30 Angestellten sowie 300 männlichen und 200 weiblichen Arbeitern – schon ein Jahr später waren es doppelt so viele.

Am 3. Mai 1945 besetzten britische Soldaten das Arsenal, im Frühjahr 1946 begannen die Sprengungen der Bunker, die erst 1953 endeten. Die meisten Ziegelbauten, die Versorgungsanlagen und Gleisanlagen blieben verschont. Die restlichen Munitions- und Pulvervorräte wurden bis 1953 vernichtet, sämtliche Einrichtungsgegenstände aus den Produktions-, Verwaltungs- und Wirtschaftsgebäuden demontiert und der Baumbestand um die einzelnen Gebäude abgeholzt und nach England verschifft.

Peter Koch zeigt Kartuschen, die früher mit Zündpulver gefüllt wurden.

Das *Hamburger Abendblatt* berichtete am 15. November 1948: „Das ehemalige Marine-Artillerie-Arsenal Wahlstedt bei Segeberg hat sich in ein friedliches Miniatur-Industriegebiet verwandelt. Vor etwa einem Jahr gab die Militärregierung einen Teil der Gebäude frei, nachdem von den 210 Bunkern 165 gesprengt und die übrigen entfestigt wurden. In diesen Hallen, Häusern und Bunkern sind seitdem zwölf Betriebe eingerichtet worden."

Auch die Gemeinde Trappenkamp war für die Marine einst ein strategisch wichtiger Ort. Das Marinesperrwaffenarsenal Trappenkamp wurde 1936 als erstes seiner Art in Dienst gestellt. Hier wurden Sperrwaffen zusammengebaut und so gewartet, dass sie kriegsfertig und sofort einsatzbereit waren.
Zu den „Sperrwaffen" zählen alle in Betracht kommenden Seeminenarten, Wasserbomben-Sperren wie Netze, Trossen- und Balkensperren, Minensuch- und Räumgeräte zur Beseitigung von Minen, Schiffsschutzgeräte, die Minen gefahrlos beseitigen oder die Detonation schwächen sollen, sowie Sprenggeräte. Das Arsenal bestand aus 95 Minenlager-, 17 Sprengbüchsen- sowie 13 Zündlagerhäusern, zudem drei Minenarbeits- und drei Munitionsarbeitshäusern, schließlich drei Zubehör- und drei Großzubehörhäusern.

Bedingt durch die große Anzahl von Flüchtlingen wurden die Häuser der ehemals militärischen Anlage nach Kriegsende zu Wohnungen umgebaut. Heute gibt es noch etwa 80 Hochbunker im Ort, in denen zum Beispiel eine Physiotherapie- und eine Arztpraxis untergebracht sind. Außerdem befindet sich der Bewegungsraum eines Kindergartens in einem ehemaligen Bunker, ein anderer beherbergt als Museum Exponate aus der Geschichte der Gemeinde.

So geht's zu den Munitionshäusern:

Die früheren Munitionshäuser stehen noch unverändert an der Kronsheider Straße in Wahlstedt.

Bürgermeister Klaus Gerdes informiert gerne über die Brücke, die in der Ortsmitte von Schmalfeld steht.

Königsbrücke

20

Um Mitternacht beißt der Pudel zu

Die Brücke liegt nur wenige Meter abseits der Dorfstraße. Für den Durchgangsverkehr ist sie nicht mehr passierbar, für Fußgänger, Radfahrer und einzelne Pkw dagegen schon. Die Schmalfelder Königsbrücke ist für die Einwohner des Dorfes allgegenwärtig – aber Vorsicht ist geboten: Tagsüber ist das Passieren der Brücke zwar ungefährlich, nachts hingegen sollte man lieber nicht dort spazieren gehen. Denn einer Sage nach darf niemand nach Mitternacht über die Königsbrücke laufen, da sonst ein schwarzer Pudel zubeißt …

Das ist natürlich nur eine von mehreren Geschichten, die sich um diese Brücke ranken. Ob dort jemals die eine oder andere Person von einem schwarzen Pudel gebissen wurde, ist unbekannt. Tatsache hingegen ist, dass diese Brücke in der Denkmalliste des Landes Schleswig-Holstein steht. Und das völlig zu Recht: Sie ist die älteste und größte Steinbrücke Schleswig-Holsteins. Und noch dazu ist sie sehr geschichtsträchtig, da sie einst eine wichtige Aufgabe zu erfüllen hatte. „Jeder Einwohner kennt die Geschichte dieser Brücke", sagt Bürgermeister Klaus Gerdes, „sie erscheint ja sogar in unserem Gemeindewappen."

1785 wurde die Steinbrücke über die Schmalfelder Au gebaut, weil eine Holzbrücke, die 82 Jahre zuvor genau an dieser Stelle über den kleinen Fluss gespannt wurde, zu reparaturanfällig war. Sie hätte alle 20 Jahre neu errichtet werden müssen, um den ansteigenden Verkehr auszuhalten. Verkehr – das waren damals Pferdefuhrwerke, Postkutschen und: Ochsen, Ochsen und nochmals Ochsen. Jahrhundertelang wurden sie von Jütland bis zur Elbe über eine uralte Handelsstraße, den Ochsenweg, getrieben. Die Hauptstrecke in Mittelholstein verlief von Rendsburg über Neumünster, Bramstedt, Kaltenkirchen. Der Ochsenzoll an der Stadtgrenze von Norderstedt und Hamburg ist ein fester Begriff.

Weniger bekannt ist jedoch, dass es eine Ausweichstrecke gab: Südlich von Neumünster verließen viele Ochsentreiber die Hauptstrecke und marschierten nicht weiter in Richtung (Bad) Bramstedt, sondern in Richtung Heidmühlen, Fuhlenrüe und Schmalfeld. Über Kisdorferfeld ging es dann kurz vor Ulzburg wieder zurück auf die Hauptstrecke. Auf diese Weise umgingen die Ochsenbesitzer ganz geschickt die Zolleintreiber in Bramstedt. So fiel für sie kein Wegezoll an, sondern sie hatten freien Durchmarsch bis zum Ochsenzoll, wo dann tatsächlich zur Kasse „gebeten" wurde. Ein weiterer Grund für den kleinen Umweg war der Kauf von Viehfutter. Selbiges war entlang des Hauptweges offenbar zur Mangelware geworden.

Ein nicht unerhebliches Verkehrshindernis allerdings brachte die Ochsentreiber hin und wieder in eine missliche Lage: Die Schmalfelder Au musste in einer Furt durchquert werden. Eigentlich kein Problem, wegen des häufigen Hochwassers war das schmale Bächlein dann jedoch unpassierbar. Deshalb wurde im Jahr 1703 etwa 50 Meter weiter westlich eine Holzbrücke errichtet, die 1785 wiederum der jetzigen Brücke aus Granitquadersteinen weichen musste. Damit hatten endlich auch die immer häufiger eingesetzten Postkutschen die Möglichkeit einer sicheren Überquerung der Au.

21 Meter lang, 5,50 Meter breit, getragen von 136 Buchenpfählen, drei Bögen mit Durchlässen von 2,88 Metern: ein Bauwerk für die Ewigkeit. Aber niemand konnte ahnen, dass PS-Kutschen eines Tages von PS-starken Fahrzeugen abgelöst werden. In den 60er-Jahren traten durch den Schwerlastverkehr und die Regulierung der Schmalfelder Au erstmals ernsthafte Schäden an der Brücke auf. Die Holzpfähle begannen zu verrotten, weil sie durch die Absenkung des Wasserspiegels Kontakt mit der Luft bekamen. 1983 wurde die Brücke wegen Einsturzgefahr stillgelegt und der Verkehr über die direkt daneben liegende Betonbrücke geleitet. Von 1985 bis 1987 wurde die älteste Steinbrücke Schleswig-Holsteins aufwendig restauriert.

Um die Königsbrücke über die Schmalfelder Au ranken sich Legenden. Sie ist die älteste und größte Steinbrücke Schleswig-Holsteins.

Der Name der Brücke ist übrigens auf eine weitere Legende zurückzuführen. „Die ist ja wohl aus Gold gebaut!", sagte der Überlieferung nach der damalige Landesherr König Christian VII. von Dänemark (1749-1808), als er die Rechnung vorgelegt bekam. 1.769 Mark soll sie gekostet haben, obwohl viele Schmalfelder unentgeltlich beim Bau mithalfen. Etwa zehnmal so viel wie der hölzerne Vorgängerbau. Später habe sich der König die „Goldbrücke" selbst angesehen und sei dabei zu dem Schluss gekommen: „Die besteht ja doch nur aus Stein." Und so bekam sie ihren Namen: „Königsbrücke".

So geht's zur Königsbrücke:

Sie liegt in der Schmalfelder Ortsmitte an der Dorfstraße.

Hintereingang

Die Tür, durch die die Bank-Lady türmte

Hermann Bauer zeigt auf den Hintereingang des großen weißen Gebäudes am Rande des Segeberger Marktplatzes an der Oldesloer Straße. „Dort sind sie herausgekommen", sagt er. Der ältere Herr steht kerzengrade in der Fußgängerzone und überlegt. „Ja, das war tatsächlich das prägendste Ereignis in meiner Tätigkeit als Polizist." Hermann Bauer, Jahrgang1939, war am 15. Dezember 1967 maßgeblich daran beteiligt, dass eine der spektakulärsten Bankraub-Serien in Deutschland beendet wurde. Er und seine beiden inzwischen verstorbenen Kollegen fassten damals die berühmt berüchtigte „Banklady" Gisela Werler, am 18. August 1934 in Altona geboren, und ihren Komplizen Hermann Wittorf. Hermann Bauer hat das Geheimnis, wie er das Verbrecher-Duo schnappte, lange für sich behalten. Erst jetzt, 50 Jahre nach der Festnahme, spricht er über die damaligen Ereignisse.

1967 war das markante weiße Gebäude an der Oldesloer Straße noch die Zentrale der damaligen Kreissparkasse Segeberg. Später zogen hier die Tourist-Info der Stadt Bad Segeberg und die Stadtbücherei ein. Eine Filiale der Sparkasse Südholstein befindet sich heute zwei Häuser weiter. Nichts erinnert mehr an die Ereignisse von 15. Dezember 1967. Die erste Bankräuberin der Bundesrepublik beflügelte damals die Fantasie der Menschen. Aber die „Banklady", wie sie wegen ihres eleganten Auftretens und ihrer höflichen Art, bei Überfällen um Geld zu bitten, genannt wurde, entpuppte sich als biedere Frau aus dem Hamburger Arbeitermilieu, die noch bei ihren Eltern wohnte und später vor Gericht angab, aus Liebe gehandelt zu haben.

All das wusste Hermann Bauer natürlich nicht, als er an jenem Freitag im Dezember 1967 den Einsatzbefehl erhielt. Um 18:10 Uhr wurde in der Kreissparkasse der Alarm ausgelöst. Der 29 Jahre alte Polizeihauptwachtmeister saß am Steuer des Polizeiwagens, zwei ältere Kollegen, die eigentlich gerade Feierabend machen wollten, sprangen

Hermann Bauer vor dem Hintereingang des Gebäudes der ehemaligen Kreissparkasse. Durch diese Tür flüchteten die Bankräuber und liefen zum nebenan liegenden Kohlenplatz.

schnell hinein. In Höhe des alten Kohlenplatzes, dem heutigen ZOB, kam ihnen ein VW-Käfer entgegen, den die beiden Bankräuber Werler und Wittorf vor dem Überfall gestohlen hatten.

„Die beiden waren aus dem Hintereingang der Sparkasse geflohen und zum Kohlenplatz direkt daneben gelaufen", sagt Hermann Bauer. Vier junge Sparkassen-Angestellte nahmen die Verfolgung auf, wurden von Wittorf aber angeschossen und zum Teil erheblich verletzt. Bei der anschließenden Fahndung sahen die drei Polizisten den VW auf der B 206 wieder: Hermann Wittorf wollte zurück nach Bad Segeberg, weil er sein eigenes Auto, einen schwarzen Volvo, an der Schwimmhalle geparkt hatte. In Höhe Rotenhahn schnitt Hermann Bauer dem Fluchtfahrzeug den Weg ab und blockierte dessen Weiterfahrt. Während Hermann Wittorf festgenommen wurde – aus seiner Maschinenpistole war das Magazin in der Hektik herausgesprungen –, versuchte sich die „Banklady" im Fußraum zwischen Vorder- und Hintersitz zu verstecken. Es half ihr nichts.

„Bis dahin wussten wir immer noch nicht, wer diese Personen eigentlich waren", sagt Hermann Bauer. Das teilte ihnen der Revierleiter erst am nächsten Tag mit. Die damals 34 Jahre alte Gisela Werler wurde später zu neuneinhalb Jahren Gefängnis verurteilt. Ihr Komplize Hermann Wittorf musste dreizehneinhalb Jahre in Haft. Sie wurden für schuldig befunden, zwischen 1965 und 1967 insgesamt 19 Banküberfälle verübt zu haben. Dabei trat sie stets in eleganter Kleidung auf und bat höflich um das Geld, während er Angestellte und Kunden mit einer Maschinenpistole bedrohte.

Das Gebäude der ehemaligen Kreissparkasse. Hier verübten die Banklady und ihr Geliebter den letzten Überfall.

So wurde der Mythos der „Banklady" geboren. Rund 400.000 Mark fielen in die Hände des Verbrecher-Duos. Alleine in der Segeberger Kreissparkasse steckte es an jenem 15. Dezember rund 95.000 Mark in die Tasche. Am 10. Februar und am 1. Dezember 1967 hatten

Werler und Wittorf bereits die Segeberger Volksbank überfallen. Sie heirateten im Gefängnis. Werler verstarb 2003, Wittorf 2009.

Über die spätere Glorifizierung der „Banklady" kann Hermann Bauer, der 1999 als Polizeihauptmeister in den Ruhestand ging, nur den Kopf schütteln: „Das hatte alles wenig mit der Wahrheit zu tun." Für ihn bleiben beide Bankräuber Schwerverbrecher. Dank Hermann Bauer und seinen beiden Kollegen ist die Überfall-Serie aufgeklärt worden. Aber unfreiwillig hat ihr mutiger Einsatz mit zur Legendenbildung beigetragen. Wären die Täter unbehelligt geblieben, hätte das Geheimnis vermutlich nie gelüftet werden können. Spekulationen dieser Art sind dem Ex-Polizisten, der im Seniorenbeirat der Stadt Bad Segeberg aktiv ist, völlig egal. Aber wenn er mit seiner Frau am Gebäude der Tourist-Info vorbei in Richtung Wochenmarkt geht, muss er jedes Mal an die spektakuläre Festnahme vor 50 Jahren denken.

Im Spielfilm „Banklady" aus dem Jahr 2014 spielt Nadeshda Brennicke die Rolle der Gisela Werler, Charly Hübner agiert als Hermann Wittorf. Das Action-Liebes-Drama floppte in Deutschland, bekam jedoch gute Kritiken und wurde international ausgezeichnet. Für den Dokumentarfilm „Die Banklady-Story" gab Gisela Werler 1999 ihr erstes und einziges TV-Interview.
Ihr Tagebuch wurde 2007 verfilmt und in der ARD unter dem Titel „Die Banklady" innerhalb der Serie „Geld her!" gezeigt. Ebenfalls 2007 entstand der Animationsfilm „Gisela" von Katja Baumann. Keiner der Autoren, bedauert Hermann Bauer, habe jemals bei ihm nachgefragt, wie es damals wirklich war beim letzten Banküberfall des Bankräuber-Duos in Bad Segeberg.

So geht's zum Hintereingang:

Das Gebäude des letzten Banküberfalls der Banklady und ihres Komplizen steht in der Segeberger Fußgängerzone, Oldesloer Straße 20.

René Senenko ist froh, dass zumindest der Name Bärenhof überlebt hat.

22 Bärenhof

Wer wohnt denn hier?

Direkt an der Stadtgrenze zwischen Norderstedt und Hamburg steht das Straßenschild *Bärenhof*. Zu sehen sind hier natürlich keine Bären, sondern in den letzten zehn Jahren entstandene Geschossbauten. Warum also gibt es an der Langenhorner Chaussee, ganz in der Nähe des U-Bahnhofs Ochsenzoll, ein Wohnquartier mit diesem Namen? Das ist eine lange Geschichte. Und Bären kommen darin tatsächlich vor …

Es war eines der kuriosesten Bauwerke direkt am Übergang von Norderstedt nach Langenhorn: der Bärenhof – ein „Märchenschloss“ mit Burgverlies, Hexenturm und Bärenzwinger. Heute ist dieses merk-

würdige Ensemble aus dem Stadtbild verschwunden, nur der Name ist geblieben. Der Bärenhof ist heute eine generationenübergreifende Wohnanlage in einer klassischen Genossenschaft.
René Senenko, Mitglied der Initiative „Rettet den Bärenhof“ und der lokalen Geschichtswerkstatt, ist immer etwas traurig, wenn er hier mit seinem Fahrrad unterwegs ist. „Wir haben gekämpft, um den Bärenhof zu erhalten, aber es hat nichts genützt, die Wirtschaftslobby war mächtiger.“

Vor mehr als 100 Jahren hatte der Bärenhof für die Norderstedter und Langenhorner aber eine ganz andere Bedeutung. Der Hamburger Makler Emil Römling entwarf das außergewöhnliche Anwesen an der Langenhorner Chaussee/Ecke Stockflethweg um die Wende vom 19. zum 20. Jahrhundert, nachdem er zuvor einen alten Bauernhof erworben und das Haus abgerissen hatte. Der verstorbene Norderstedter Schulleiter und Heimatforscher Detlev Ehlers hat die Geschichte des seltsamen Gebäudeensembles, die Geschichte der Bewohner und die Geschichte der dort lebenden Tiere zusammengetragen, aufgearbeitet und veröffentlicht. Im Mittelpunkt steht dabei ein Mann, der in China reich wurde, später aber völlig verarmt in Süddeutschland starb und dort sogar auf Gemeindekosten beerdigt werden musste.

„Wir haben gekämpft, um den Bärenhof zu erhalten, aber es hat nichts genützt, die Wirtschaftslobby war mächtiger.“

Der Sonderling Römling erwarb sein Vermögen durch den Verkauf von Nähnadeln in China. Er verdiente offenbar so viel Geld, dass er damit im wahrsten Sinne des Wortes um sich werfen und seinen Spleen sorglos ausleben konnte. In Hamburg arbeitete er als Immobilienmakler. Er war begeistert von verwunschenen Schlössern, wehrhaften Burgen, verschnörkelten Türmchen und starkem Gemäuer. Weil es derartige Gebäude in Hamburg und Umgebung aber nur selten gab, schuf sich Emil Römling sein eigenes Reich an der Langenhorner Chaussee. Er ließ das Hauptgebäude und einen Hexenturm errichten. In den Turm zog eine ältliche Dame ein, die Römling mit „Turmhexe“ anzusprechen pflegte. Weil sie das duldete, durfte sie mietfrei dort leben. Abgesehen von der alten Dame gab es auch eine ausgestopfte Hexe in den Räumen. „Sie saß an Römlings Tisch, wenn er aß und

trank", schrieb Detlev Ehlers. „Mit ihr musste die Brotfrau, die alle paar Tage erschien und eine Schwäche für Cognac hatte, auf dem Hofplatz tanzen."
Römling erwarb Antiquitäten und Plastiken, Wappen und Holztäfelungen, Türen und Fenster aus Abbruchhäusern und ließ alles in sein Gebäudeensemble einfügen. Dafür beschäftigte er extra einen Maurer und einen Arbeitsmann. Neben der Einfahrt stand eine alte Kanone von 1800, die zu Silvester zuweilen geladen und abgefeuert wurde. Zur Sommerzeit nisteten Rotschwänzchen darin. Ein buntes Epochengemisch mit uneinheitlichem Stil war das exotische Ergebnis der Bau- und Sammelleidenschaft des Kaufmanns. Als älteste Jahreszahl soll irgendwo „1547" eingemeißelt gewesen sein.

Nun zum Ursprung des Namens Bärenhof. Römling hielt dort tatsächlich eine Zeitlang richtige Bären und beschäftigte sogar einen Bärenpfleger. Eine unheimliche Geschichte machte damals in Garstedt und Langenhorn die Runde: Bauern aus der Nachbarschaft hatten sich offenbar zusammengetan, um mit dem Spuk am Ochsenzoll aufzuräumen. Sie stürmten den Hof, aber einer der Wagemutigen wurde von einem Bären gebissen, die anderen flohen entsetzt. Römling dagegen hatte Spaß an diesem ungleichen Kampf, den er vom Fenster aus beobachtete. Wenige Tage später ließ er am Haus diese Inschrift eingravieren: *Wer sich will kratzen mit dem Bär'n /des Haus muss erst noch dicker wer'n.* Eine andere Geschichte, die in der Festschrift der *Langenhorner Heimatwoche* 1952 beschrieben wurde: „Eines Tages war der Bär ausgebrochen, hatte sich auf einen Bummel in die Feldmark begeben und dort einen Bauern angefallen."
Die Behörden fanden den illegalen Zoo an der Langenhorner Chaussee nicht besonders lustig: Die Ordnungsbehörde schritt ein und die Bären wurden in den erst kurz zuvor eröffneten Tierpark Hagenbeck gebracht. Übrig blieb auf dem Hof das Relief eines grimmig dreinschauenden Bären mit langen Krallen. Römling verkaufte später

Der einstige Bärenhof ist Namensgeber für eine generationenübergreifende Wohnanlage.

sein Anwesen und zog nach Süddeutschland. Die Inflation nach dem Ersten Weltkrieg brachte ihn um den Rest seines Vermögens.
Der Bärenhof wurde umgebaut und entwickelte sich anschließend zu einer gut besuchten Gaststätte, die bis kurz vor Ausbruch des Zweiten Weltkriegs bestand. Danach ließen sich dort Einzelhändler nieder. Zwei der Bärenhof-Türme, darunter auch der Hexenturm, bildeten bis vor wenigen Jahren noch einen wundersamen Blickfang am Bahnhof Ochsenzoll.

In den Blickpunkt der Öffentlichkeit geriet der Bärenhof noch einmal vor einigen Jahren, als bekannt wurde, dass dort ein Einkaufszentrum und ein Autohaus entstehen sollten. Anwohner des Wohnareals Bärenhof, die Bürgerinitiative „Rettet den Bärenhof“ und Kommunalpolitiker stritten sich heftig mit dem Grundstückseigentümer. „2010 war klar, dass es keine Chance mehr gab, den Bärenhof zu retten“, sagt René Senenko. Den Plan, einen Teil des Bärenhofes abzutragen und in dem Einkaufszentrum wieder aufzubauen, ließ das Unternehmen fallen, weil die Verwirklichung zu teuer erschien. Im April 2010 nahmen die Bärenhof-Freunde mit Musik, Kaffee und Kuchen Abschied von ihrem Schlösschen. Gefeiert wurde neben den Abrissbaggern. Der Bärenhof war Geschichte.

„2010 war klar, dass es keine Chance mehr gab, den Bärenhof zu retten.“

So geht's zum Bärenhof:

Gleich hinter dem Schmuggelstieg geht der Bärenhof rechts von der Langenhorner Chaussee ab.

Anne Ipsen hat den Segeberger Höhlenkäfer erforscht und ihre Doktorarbeit über ihn geschrieben.

23

Höhle

Das einmalige Krabbeln

Die Segeberger Kalkberghöhle ist ein einzigartiges Naturdenkmal: Etwa 32.000 Fledermäuse nutzen die zweitgrößte Gipshöhle Deutschlands (Länge 2.260 Meter) nicht nur als Winterquartier. Besucher dürfen nur in den Sommermonaten hinein: Dann ist es sehr wahrscheinlich, dass sie einige der zeitweilig über 1.000 auch im Sommer hier tagsüber schlafenden Fledermäuse sehen.

Aber das eigentliche Geheimnis der Kalkberghöhle lebt zurückgezogen in Felsspalten oder im Dunkeln fernab des Führungsweges. Der Segeberger Höhlenkäfer ist ein so mysteriöses Wesen, dass Höhlenbesucher ihn nur sehr selten zu Gesicht bekommen. Dieser einen halben Zentimeter große Käfer wohnt im Verborgenen – und: nur in

Bad Segeberg. In keinem anderen Land auf der Welt, in keiner anderen Höhle und auch in keinem Zoo ist *Choleva lederiana holsatica,* der Segeberger Höhlenkäfer, heimisch. Nur eben hier: in der Segeberger Kalkberghöhle.

Der kleine Krabbelkäfer ist tatsächlich eines der größten Geheimnisse im Kreis Segeberg. Einer der wenigen Menschen, die diesen Käfer in allen Teilen der Höhle gesehen haben, ist die Biologin Anne Ipsen, eine der drei Geschäftsführerinnen des Fledermaus-Zentrums Noctalis am Segeberger Kalkberg. Niemand sonst hat sich so eingehend mit dem verborgen lebenden Tierchen im ewigen Dunkel der Kalkberghöhle beschäftigt. Die Wissenschaftlerin hat ihre Doktorarbeit über das Insekt geschrieben und weiß daher so gut wie alles über den Höhlenkäfer. Das Wichtigste: Dieser Käfer ernährt sich von den Exkrementen der Fledermäuse, die hier im Winter „abhängen". Außerdem frisst er die Kadaver verstorbener Fledermäuse. Das Ergebnis kann sich sehen lassen: Der Käfer macht eine Art „Frühjahrsputz" in den Spalten, kaum Kot und keine toten Fledermäuse sind in der Höhle zu finden.

Anne Ipsen hat auch herausgefunden, wie viele Exemplare des Käfers hier ungefähr leben – mindestens 10.000 nämlich. Um zu diesem Ergebnis zu kommen, hat sie Zählungen durchgeführt: „Käse unter einem Blumentopf zieht die Käfer an", sagt die Wissenschaftlerin. Da die Käfer sich also an einer solchen Lockstelle aufhalten, konnte sie die Tiere hier farblich markieren, in Ruhe zählen und dann hochrechnen.

Die Natur hat alles wunderbar zusammengefügt: Mitte Juli paaren sich die Höhlenkäfer, und die Weibchen legen die relativ geringe Zahl von 30 Eiern ab. Mit der Rückkehr der ersten Fledermäuse Ende August beginnt der Schlupf der Käferlarven, die sich nach wenigen Wochen verpuppen. Ab Mitte November schlüpfen dann die Käfer – also genau zu dem Zeitpunkt, wenn die meisten Fledermäuse in der Höhle sind und es Nahrung im Überfluss gibt. Anne Ipsen: „Wir haben hier ein ausgeklügeltes ökologisches System."

Im Sommer leben die Käfer im Energiesparmodus, um die nahrungsarme Zeit zu überdauern. Die normale Lebenserwartung eines Käfers liegt zwischen zehn und elf Monaten. Einige aber schaffen auch 20 Monate. „Das ist ein doppelter Boden der Natur", sagt Anne Ipsen.

„Wir sprechen von einem Risikoüberhang, damit eventuelle Verluste ausgeglichen werden können, um die Art nicht aussterben zu lassen, wenn mal ein schlechter Winter dabei ist."
Das Risiko, dass der Käfer ausstirbt, ist in diesem Fall recht gering, denn so lange es Fledermäuse in der Höhle gibt, ist ausreichend Futter vorhanden. Fressfeinde gibt es nicht, höchstens Wasser und Schimmel können dem Käfer gefährlich werden oder er kann im Schlamm stecken bleiben. Da erscheinen die Proteste von Umweltschützern, die den Bau der Autobahn 20 aus Rücksicht auf die Fledermäuse verhindern wollten, plötzlich in einem ganz anderen Licht. Denn das ganze Ökosystem der Höhle würde zusammenbrechen, wenn die Fledermäuse ausblieben.

Warum aber gibt es diesen einzigartigen Käfer tief unter Bad Segeberg in der einzigen Höhle Schleswig-Holsteins? Anne Ipsen und vor ihr einige wenige andere Wissenschaftler haben herausgefunden, dass der Käfer seit mindestens 5.000, wahrscheinlich 10.000 Jahren isoliert lebt. Nach der letzten Eiszeit vor etwa 10.000 Jahren ist er am Kalkberg geblieben und ist in der Höhle isoliert worden, wo die klimatischen Bedingungen in etwa so waren wie zur Eiszeit draußen, dort wurde es ihm jetzt zu warm. Seitdem hat es mehrere Tausend Käfergenerationen gegeben – Zeit genug, um sich den Temperaturen und der Umgebung anzupassen: Der Käfer hat kleinere Augen, weniger Farbe, längere Beine und viele Haare. Die Durchschnittstemperatur in der Höhle ist in den vergangenen 100 Jahren um ein Grad auf annähernd 10 Grad Celsius gestiegen. „Ein deutliches Zeichen des Klimawandels", erläutert Anne Ipsen.

Klein und einmalig: Den fünf Millimeter großen Höhlenkäfer gibt es nur in der Segeberger Kalkberghöhle.

Die Höhlenkäfer haben lange Beine, damit sie auf unebenem Untergrund nicht im Schlamm stecken bleiben, die vielen Haare dienen als

Tastinstrumente, da im Dunkeln Augen nicht helfen. Sie laufen schnell und gewandt, sind aber, obwohl sie voll ausgebildete Hautflügel besitzen, noch nie fliegend beobachtet worden. Und so wird es auch bleiben: Der Höhlenkäfer ist und bleibt ein Segeberger. Ausschwärmen kommt vermutlich auch in den nächsten Jahrtausenden nicht infrage.

Aber die Segeberger Kalkberghöhle birgt noch ein zweites Geheimnis. Tief in einem der zahlreichen und für die Besucher nicht begehbaren Höhlengänge steht ein Seismograph, der jede Erdbewegung registriert. Seit dem 20. Dezember 1995 steht der zylinderförmige Kasten exakt auf der Schnittstelle des 53,935. Breiten- und 10,317. Längengrads. Betreiber ist die Bundesanstalt für Geowissenschaften und Rohstoffe im Geozentrum Hannover. Eine an einer Feder aufgehängte Masse und ein kleiner Magnet darunter sorgen dafür, dass auch kleinste Erdbewegungen registriert werden. Wenn die Erde irgendwo auch nur einen millionstel Millimeter in Bewegung gerät, werden in der Kalkberghöhle Daten aufgezeichnet und an die Bundesanstalt für Geowissenschaften und Rohstoffe weitergeleitet. Von dort gelangen sie zum weltweiten Sammelzentrum in Denver (USA).
Die seismische Messstation registriert Bewegungen im Zusammenhang mit Erdbeben. Voraussagen lässt sich ein Erdbeben nicht, aber die in Bad Segeberg aufgezeichneten Daten tragen zum Gesamtbild der erdbebengefährdeten Gebiete bei. Auch Erschütterungen durch vom Menschen verursachte Ereignisse, wie beispielsweise Kernwaffentests, werden registriert. Regelmäßig betreut wird der Seismograph von Anne Ipsen und Mitarbeitern im Fledermaus-Zentrum Noctalis.

So geht's zur Höhle:

Die Kalkberghöhle liegt an der Oberbergstraße 27 in Bad Segeberg.

Ursula Druve findet auf diesem Acker am Wilstedter Weg in Norderstedt immer noch Teile von Porzellanpuppen oder andere Figuren.

24

Acker

Porzellan und Glasauge

Ursula Druve ist gerne an der frischen Luft. Das war schon immer so. Auch heute, mit ihren 78 Jahren, ist sie fast ständig unterwegs. Und wer sich viel bewegt, entdeckt so manches. Eines Tages, vor gut 28 Jahren, blickte die Norderstedterin plötzlich und ohne Vorwarnung in ein Auge. Nicht ungewöhnlich im Prinzip, aber in diesen Falle schon: Das Auge nämlich lag auf einem Acker und war aus Glas. Ursula Druve besah sich nicht nur das Auge, sondern taxierte auch die unmittelbare Umgebung – und siehe da: Sie fand nicht nur weitere Augen, sondern auch andere kuriose Gegenstände. Zum Beispiel Keramik- und Porzellanpuppen, kleine Tierfiguren, Medizin- und Parfümfläschchen, Flaschen, Salbentöpfchen oder Porzellan-Verschlüsse von Bierflaschen. Wie waren diese Gegenstände

auf dem Norderstedter Acker gelandet? Woher stammten sie? Bei Ursula Druve war der „Jagdinstinkt“ geweckt. Sie wollte der Sache systematisch auf den Grund gehen und machte das Auffinden von seltsamen Gegenständen auf landwirtschaftlichem Gelände zu einem Hobby. Immer häufiger zog sie sich ihre Gummistiefel an, um die Äcker der Umgebung zu inspizieren.
Und tatsächlich: Vor allem im Raum Glashütte wurde sie fast immer fündig und kam mit einer Tasche voller seltsamer Gegenstände nach Hause, wo sie alles reinigte und in Vitrinen oder Kästen aufbewahrte. Da ihr inzwischen verstorbener Mann ein ebenso großer Sammler von alten Gegenständen war, glich das kleine Häuschen an der Segeberger Chaussee schnell einem privaten Museum. Damit war allerdings noch immer nicht die Frage geklärt, woher die Glas- und Porzellangegenstände eigentlich kamen und warum sie ausgerechnet auf den Norderstedter Äckern gelandet waren. Also schaltete Ursula Druve Fachleute ein, die sich mit der norddeutschen Historie besser auskannten. Dabei stellte sich heraus, dass die Puppenstücke, Glasfläschchen, Marmeln, Porzellanköpfe von Bier- und Brauseflaschen, Porzellan- oder Tontabakspfeifen, Salbentöpfchen und sonstigen Kleinteile aus Hamburg stammten.
Was zunächst Zufallsfunde waren, erwies sich längst als kulturhistorisch wertvolle Sammlung. „Mit den Puppen spielten im vorletzten Jahrhundert Hamburger Kinder, aber irgendwann landeten sie auf dem Müll, der damals, um 1830 herum, noch auf den Straßen oder Hinterhöfen lagerte“, sagt Ursula Druve. Die Müllabfuhr war in Hamburg zu der Zeit privat organisiert und funktionierte nicht reibungslos. Erst 1886 wurde die Stadtreinigung unter staatliche Regie genommen.

Dann kamen die Norderstedter Bauern ins Spiel. Die nämlich karrten regelmäßig Torf und Lebensmittel nach Hamburg, um auf dem Rückweg den Hamburger „Schiet“ mitzunehmen. Bisher kannte man nur die Zeichnungen oder Stiche von zweirädrigen Torfkarren, den sogenannten Schott‘schen Karren oder im Volksmund „Steertpogg“, mit denen die Bauern in Richtung Hamburg unterwegs waren. Dass auf dem Rückweg auch etwas transportiert wurde, war eher nicht bekannt. Vermutlich wurden sie dafür bezahlt, außerdem konnten sie den Abfall als Dünger nutzen. Ein doppeltes Geschäft also.

Sie brachten den Müll auf die Felder, wo er im Laufe vieler Jahrzehnte immer wieder um- und untergepflügt wurde, bis die Porzellanteile eines Tages wieder an der Oberfläche auftauchten und dort von der aufmerksamen Ursula Druve beim Spaziergehen entdeckt wurden. „Nicht alle Puppen waren offenbar als Spielzeug für Kinder gedacht, denn unter den Fundstücken befanden sich auch erotische Motive", erzählt sie.

Puppenaugen, die in Hamburg auf den Müll geworfen wurden.

Wie Museumsfachleute inzwischen festgestellt haben, wurden die kleinen Porzellanfiguren in Thüringen hergestellt. Die Sammlung von Bierflaschenverschlüssen deutet auf die Vielzahl der einstigen Hamburger Brauereien hin. Kurios ist ein Salbentopf, in dem noch ein völlig verhärteter Salbenrest zu sehen ist. Ein Parfümfläschchen trägt die Inschrift *Die Keisserliche Privilegirt Altonatiche W. Kronessents.*

Ursula Druve hat das systematische Sammeln auf den Äckern von Norderstedt aufgegeben. Jetzt ist sie nur gelegentlich unterwegs, manchmal entdeckt sie auch noch etwas. Die meisten Porzellanfiguren aber sind wohl gefunden worden. Denn von Ursula Druves Sammelleidenschaft hatten auch andere Norderstedter erfahren, die dann ihrerseits loszogen, um zu suchen. Einige schöne Sammlerstücke hat Ursula Druve in ihrer Vitrine direkt neben der Couch aufbewahrt, die meisten sind aber als Dauerleihgabe im Norderstedter Stadtmuseum am Friedrichsgaber Weg 290 zu sehen.

So geht's zum Acker:

Der Acker mit den vielen kuriosen Fundstücken liegt an der Ostseite des Wilstedter Weges im Norderstedter Ortsteil Glashütte.

Ulrich Bärwald in der wild-romantischen Pastoratsschlucht. Einst war hier eine wichtige Schleusenanlage. Die Pastoratsschlucht ist ein Stück unberührte Natur.

25

Pastoratsschlucht

Schleusenanlage des Alster-Trave-Kanals

Durch die Schlucht (siehe Geheimnis 07) hinter dem Sülfelder Pastorat plätschert friedlich ein kleiner Bach. Im Frühjahr 2016 war das anders: Nach tagelangem Regen hatten sich die Wassermassen aufgestaut, aus dem beschaulichen Bach war für kurze Zeit ein reißender Fluss geworden. Nach dem Ablaufen des Wassers ragten massive Eichenreste aus dem Boden. Für den Sülfelder Ortschronisten Ulrich Bärwald eine kleine Sensation: Bei den Eichenbohlen handelt es sich um die Reste einer alten Schleusenanlage. Und somit war der exakte örtliche Nachweis für den Verlauf des Alster-Trave-Kanals in Sülfeld erbracht.

Der Bau des Alster-Trave-Kanals gehört im 15. Jahrhundert zu den großen Projekten, die gemeinsam von Hamburg und seinen nördlichen Nachbarn getragen, geplant und finanziert werden. Der eigentliche Kanal, das künstliche Wasserbett mit acht Kilometern Länge, ist vom Gut Stegen, an dem vorbei die Alster in Richtung Hamburg fließt, durch das Nienwohlder und das Sülfelder Moor bis in die Ortschaft Sülfeld geplant. In Sülfeld soll der Kanal in die Norder-Beste münden, die sich bei Neritz mit der Süder-Beste zur Beste vereinigt und bei Oldesloe in die zu Lübeck gehörende Trave fließt. Um Schiffsverkehr zu ermöglichen, werden 23 Schleusenanlagen gebaut, damit der unterschiedliche Wasserspiegel zwischen Nord- und Ostsee ausgeglichen wird.

Ulrich Bärwald erzählt: „Die wohl größte Schleusentreppenanlage entstand direkt hinter dem Sülfelder Pastorat in einer extra dafür ausgehobenen Schlucht.“ Die Lastschuten stauen sich an dieser Schleusentreppenanlage, bei ausreichend hohem Wasserstand werden die Schleusentore dann geöffnet, sodass die Kähne weiterkommen. Flussaufwärts müssen sie „getreidelt“, das heißt von Land aus gezogen werden, in die andere Richtung schaffen sie es aus eigener Kraft.

„Die wohl größte Schleusentreppenanlage entstand direkt hinter dem Sülfelder Pastorat in einer extra dafür ausgehobenen Schlucht.“

Der Bau des Kanals wird langwierig, weil Hamburg sich wegen finanzieller Probleme nach fünf Jahren von dem Projekt zurückzieht. 1452 werden die Arbeiten eingestellt und erst 1525 durch Intervention des dänischen Königs wiederaufgenommen. Ein neu geschlossener Vertrag sieht vor, dass Hamburg und Lübeck die Baukosten je zur Hälfte tragen sollen.

Nachdem der Kanal endlich fertig gestellt ist, erreichen am 22. August 1529 die ersten vier Schuten mit Waren beladen von der Hansestadt Lübeck aus die Hansestadt Hamburg. Bis 1550 wird der Handelsverkehr über die Wasserstraße abgewickelt. Dann ist die Schleuse bei Neritz nicht mehr betriebsbereit, der Transportfluss unterbrochen. Die Schleuse wird nie wieder in Gang gesetzt. Bis 1557 fahren die Hamburger Schuten mit Waren für Lübeck noch bis Stegen, von dort aus geht es mit Pferdefuhrwerken weiter bis Oldesloe, von wo es dann auf der Trave weitergeht.

Im Laufe der Jahrhunderte gibt es immer wieder Pläne, den Alster-Trave-Kanal neu zu beleben – vergeblich. Ein letztes Mal wird der Neubau eines direkten Kanals von Hamburg nach Lübeck 1873 erwogen. Aber es bleibt bei einem Gutachten, das von der Stadt Hamburg finanziert wird. Trotz des Misslingens des Kanalprojekts als Idee für die Jahrhunderte wird der Wasserweg aus heutiger Sicht als historisches Denkmal des Wagemuts der hanseatischen Kaufleute und des städtischen Unternehmergeistes im beginnenden 16. Jahrhundert gewertet.

Heute ist vom einstigen Kanal kaum noch etwas übrig geblieben: Ein kleiner Bach, der häufig nur ein Rinnsal ist. Am Ortsrand von Sülfeld quert der Fahrrad-Wanderweg mit Europas längstem Obstbaum-Pfad auf der ehemaligen Eisenbahntrasse der EBOE den ehemaligen Kanal.

In Sülfeld selbst ist der Große Graben, ein ehemaliges Schleusenbecken des Kanals, vor einigen Jahren umgestaltet worden. Dabei ist vom Dorfkern aus am Kanal entlang ein Wanderweg auf der früheren Treidelgasse in Richtung Moor neu angelegt worden. Seit 1989 führt die Gemeinde Sülfeld das Symbol des Kanals im offiziellen Gemeindewappen – genau wie alle übrigen Gemeinden am ehemaligen Kanalverlauf: Nienwohld, Kayhude, und Bargfeld-Stegen. Die Relikte des Kanals in der Sülfelder Pastoratsschlucht stehen unter dem Denkmalschutz des Landes Schleswig-Holstein.

So geht's zur Pastoratsschlucht:

Die Pastoratsschlucht liegt hinter dem Sülfelder Pastorat, Am Markt 16. Rechts vom Pastorat führt ein Weg zur Schlucht.

Wilfried Breckwoldt mit der historischen Steinwalze.

26

Steinwalze

Kraftprotze am Straßenrand

Manche Geschichten stehen einfach so am Straßenrand herum. Man muss nur hingucken, um sie zu entdecken. An der Straße Syltkuhlen im Norderstedter Ortsteil Garstedt steht eine solche: Am Eingang zum Reiterhof des Norderstedter Sportvereins (NSV) am Syltkuhlen 293 steckt ein tonnenförmiger Granitstein in der Erde. Wie ein kleiner, runder und recht dicker Torpfosten sieht er aus, fast ein wenig urzeitlich. Aber genau das ist die erste Straßenwalze der Gemeinde Garstedt. Bis in die 1960er-Jahre hinein wurde sie von den Bauhofarbeitern der Gemeinde genutzt, um Straßen und Wege glatt und eben zu bekommen.

Im Mittelalter waren nur wenige Ortsstraßen mit einem Pflasterbelag ausgestattet, erst zu Beginn des 18. Jahrhunderts kam es zu Neuentwicklungen auf dem Gebiet der Straßenbautechnik. Auch im deutschsprachigen Raum gibt es seit Beginn des 18. Jahrhunderts Kunststraßen oder Chausseen. Um diese zu bauen und den Untergrund zu verdichten, wurden Straßenwalzen entwickelt. Sie werden seit etwa 1830 im Straßen- und Erdbau eingesetzt und waren in der Frühzeit vorwiegend von Pferden gezogene Geräte. Sie bestanden anfangs aus Stein und später ausschließlich aus Gusseisen. Man beschwerte sie zusätzlich mit Steinen und mit einem Wasserballast.

Landwirt Wilfried Breckwoldt weiß noch, dass eine Doppeldeichsel aus Stahl daran befestigt war, sodass sie von einem Traktor gezogen werden konnte. Bevor diese Zugmaschinen in den Fuhrpark der Gemeinde aufgenommen wurden, mussten vermutlich Pferde angespannt werden, um die 1,25 Meter hohe Walze mit einem Durchmesser von 90 Zentimetern zu bewegen. Genau weiß das jetzt niemand mehr. „Es müssen jedenfalls kräftige Pferde gewesen sein, denn die damaligen Traktoren hatten eine durchschnittliche Motorkraft von 17 PS", sagt der Landwirt. Noch heute ist zu sehen, wo die Deichseln befestigt waren.

Irgendwann ist die Walze an der Straße Syltkuhlen liegen geblieben. Wilfried Breckwoldt erinnert sich nicht genau, ob sein Großvater sie gekauft hat oder ob sie tatsächlich direkt vor seinem Hof abgestellt und vergessen wurde. Breckwoldt, der den Reiterhof an den NSV verpachtet hat, ließ sie jedenfalls an Ort und Stelle aufstellen. Da diese Walze aus Stein besteht, ist sie der „Walzenfrühgeschichte" zuzuordnen, die gusseisernen Walzen wurden erst später entwickelt. Wilfried Breckwoldt freut sich, dass auf diese Weise ein Zeugnis der frühen Garstedter Straßenbautechnik auf seinem Grundstück steht. Wer genau hinsieht, erkennt auf dem Stein ein mit leichter Hand gemeißeltes *PI*. Das, so vermutet der Landwirt, weist darauf hin, dass Garstedt vor der Stadtgründung Norderstedts zum Kreis Pinneberg gehörte.

Eine andere Straßenwalze ist schon fast ein fester Bestandteil des Norderstedter Straßenbildes. Knallgelb steht sie seit Jahren auf einem Stellplatz neben dem Fußweg in Höhe des Hauses Nummer 80 an der Segeberger Chaussee und wird natürlich nicht mehr vom Fleck gerührt. Sie steht einfach da und wartet auf eventuelle Betrachter. Gerade so, als sei sie eben abgestellt worden, damit der Fahrer im gegenüberliegenden Supermarkt einkaufen kann.

Aber was für ein Geheimnis verbirgt sich hinter dieser Baumaschine, die nüchtern betrachtet zur Gruppe der Verdichtungsgeräte gehört? Sie ist schlicht die erste selbstfahrende Straßenwalze einer hiesigen Firma, die in Norderstedt für den Straßenbau eingesetzt wurde! Die alte gelbe, acht Tonnen schwere Straßenwalze wurde 1956 für die Tiefbaufirma Alexander Sauerland im Kaelble-Werk in Backnang (Baden-Württemberg) gebaut. Per Güterzug transportierte man sie auf einem Güterwagen vom Werk in Backnang zum Güterbahnhof Ochsenzoll, wo ihre Übernahme stattfand.

Alexander Sauerland, der die 1922 gegründete Firma von seinem Vater übernommen hatte, erinnert sich noch genau an die Ankunft der Walze, weil es für ihn, aber auch für viele Schaulustige, ein spektakuläres Ereignis war. „Es war tatsächlich unsere erste eigene Straßenwalze", sagt der Unternehmer, der den Ruhestand in Wohldorf-Ohlstedt ganz in der Nähe der Alster genießt. Vorher hatte sich der Tiefbauer Sauerland die Walzen gemietet, um sie beim Straßenbau in den Norderstedter Ursprungsgemeinden einzusetzen.

Die alte Straßenwalze der Firma Sauerland steht seit 20 Jahren an der Segeberger Chaussee in Norderstedt.

Das Tiefbauunternehmen wurde 1956 mit den Straßenbauarbeiten für die Gartenstadt Falkenberg beauftragt (Am Exerzierplatz, Alter Kirchenweg, Stonsdorfer Weg und Falkenbergstraße). Hier war der erste Einsatz der neuen Kaelble-Straßenwalze: Hamburger Kriegstrümmer wurden von ihr als Straßenuntergrund zermalmt.

Auch bei anderen Straßenbauarbeiten in Norderstedt musste die Walze mit ihren Walzenführern Günter Geue und später Manfred Brockmüller weitere Dienste leisten:

Friedrichsgaber Weg, Schmuggelstieg, Am Tarpenufer, Heidehofweg und Uhlandweg – hier leistete sie ganze Arbeit. Auch in Hamburg hat die alte Walze bei etlichen Straßenbauarbeiten ihren schweren Dienst getan.

Nach der Einstellung des Tiefbauunternehmens im Jahre 1999 sollte die Walze an der Segeberger Chaussee symbolisch an das 70-jährige Wirken der Firma Alexander Sauerland auf diesem Grundstück erinnern. Weil der Zahn der Zeit auch an solch einem stählernen Ungetüm nagt, wurde es vor einigen Jahren auf einen Tieflader gestellt und nach Belgien kutschiert, um es dort von einem Spezialunternehmen restaurieren zu lassen. Jetzt steht das gute Stück wieder glanzvoll wie in alten Zeiten an der Segeberger Chaussee. Alexander Sauerland freut sich, dass seine erste Walze einen Stammplatz gefunden hat, an dem täglich viele Autos vorbeifahren. Das Grundstück gehört heute der Grundstücksverwaltung und dem Wohnungsunternehmen Sauerland, das von Alexander Sauerlands Söhnen geleitet wird. Der Vater verwaltet selbst noch eigene Immobilien – wie zum Beispiel das Alte Segeberger Amtsgericht an der Hamburger Straße, in dem auch der CDU-Kreisverband sein Büro hat.

„Es müssen jedenfalls kräftige Pferde gewesen sein, denn die damaligen Traktoren hatten eine durchschnittliche Motorkraft von 17 PS.“

So geht's zu der Steinwalze:

Die Steinwalze steht an der Straße Syltkuhlen 293 vor dem Eingang des Reiterhofes, die gusseiserne Walze an der Segeberger Chaussee in Höhe des Hauses Nummer 80.

An dieser Stelle prallte das Verkehrsflugzeug 1971 gegen die Autobahnbrücke: Hans-Günter Kiesel mit einem Foto, das er damals am Unglücksort machte.

27

A7

... und von Peter Frankenfeld bis zu den Bee Gees

Showmaster Peter Frankenfeld überraschte die Menschen gerne mit kuriosen Ideen. Davon schwärmen die älteren Fernsehzuschauer heute noch: Seine legendären TV-Shows waren in der 50er-, 60er- und 70er-Jahren regelrechte Straßenfeger. Er hatte aber auch Ideen, die heute recht merkwürdig erscheinen. Der TV-Star machte sich nämlich dafür stark, den Mittelstreifen der A7 zwischen Hamburg und Dänemark mit Plastikgebüsch und -bäumen zu bestücken.

1971 – Frankenfeld hat gerade eine vorübergehende Fernsehflaute – kommt ihm die kuriose Idee und er präsentiert sie der Öffentlichkeit im gewohnten großen Stil: Er lädt Zeitungen, Funk und Fernsehen zu einer Pressekonferenz auf sein 30.000 Quadratmeter großes Grundstück in Wedel ein. Die Medienvertreter sitzen an einem langen ovalen Tisch und werden auf ungewöhnliche Weise versorgt: Die Lastwaggons seiner Gartenmodelleisenbahn sind mit Steaks und Beilagen beladen, fahren direkt auf dem Tisch und stoppen vor den Gästen, die sich bedienen können. Dann präsentiert Frankenfeld sein Projekt. Die Teller werden abgeräumt, die künstlichen Bäume hervorgeholt. Eine schöne Idee – und dann? Zwar wird über die Pressekonferenz berichtet, auch werden die ersten Plastikbäume und -büsche für die Fotografen und TV-Teams in Höhe der Anschlussstelle Schnelsen-Nord auf dem Mittelstreifen aufgestellt, aber das alles hilft Peter Frankenfeld und der Herstellerfirma wenig. Nirgendwo an der A7 und auch nicht anderswo in Deutschland gab und gibt es Plastikbäume auf dem Mittelstreifen. Idee durchgefallen!

Das ist eine heute fast vergessene Randnotiz in der Geschichte der A7, einer Autobahn, die in den wenigen Jahrzehnten ihres Bestehens Millionen von Autofahrern erfreut oder verärgert hat.

Schleswig-Holstein war beim Autobahnbau der Nachkriegszeit lange stiefmütterlich behandelt worden. In den 50er-Jahren, als in Hessen, Niedersachsen und Nordrhein-Westfalen fleißig neue Autobahnen betoniert werden, stehen im Norden Projekte dieser Art nur auf dem Papier. Auch in Bonn bezweifelt niemand die Dringlichkeit einer zumindest vierspurigen Schnellverbindung zwischen Hamburg und Kiel, vor allem zwischen Hamburg und Flensburg. Aber erst 1965 rücken bei Quickborn Autobahnbaukolonnen an. 1966 wird die erste Brücke über einen Bach gebaut – das erste von insgesamt 165 Bauwerken dieser Art. Später gibt es Krach mit Anliegern und Probleme mit dem moorigen Untergrund.

Ein Kernpunkt der Autobahnplanungen war der vorgesehene Bau des Großflughafens Kaltenkirchen. „Spätestens 1970 wird der Großflughafen Kaltenkirchen betriebsfertig und durch Autobahnen mit Bremen, Hannover und Kiel verbunden werden müssen", hatte Bundesverkehrsminister Seebohm 1962 forsch erklärt. Es kam bekanntlich anders. Aber immerhin: Am 2. November 1967 wird das erste Teilstück der Autobahn vom Autobahndreieck Nordwest bis zur Ausfahrt Schnelsen-Nord eröffnet. Am 14. Dezember 1970 wird die A7 beidseitig von Schnelsen bis Quickborn-Heide für den Verkehr freigegeben, am 9. Juli 1971 bis Bad Bramstedt. Vom Flughafen Kaltenkirchen spricht bald niemand mehr.

„Seit heute Vormittag ist die Hamburg-Kieler Autobahn durchgehend bis Blumenthal, zwölf Kilometer vor Kiel, befahrbar. Damit ist das größte Straßenbauprojekt Schleswig-Holsteins abgeschlossen", schreibt das *Hamburger Abendblatt*. Diese Nachricht löst am 8. Dezember 1971 Jubel aus: Mit dem Auto von Hamburg nach Schilksee, wo 1972 die olympischen Segelwettkämpfe ausgetragen werden, in 50 Minuten? Noch nicht ganz: Denn erst vom 30. Juni 1972 an, also gerade noch rechtzeitig vor Beginn der Olympischen Spiele, kann der Kieler Stadtteil so schnell erreicht werden. An diesem Tage wird die zweite Hochbrücke über den Nord-Ostsee-Kanal in Kiel-Holtenau fertiggestellt.

Erst 1978 wird der letzte Bauabschnitt zwischen Tarp und Schuby geschlossen, sodass die Autobahn von Hamburg bis zur Bundesgrenze befahren werden kann. Rund 800 Millionen Mark kostet der Bau der gesamten Autobahn, die nach der Freigabe des Hamburger Elbtunnels am 1. Januar 1975 Schleswig-Holstein mit dem Rest Deutschlands verbindet.

Unglücke bleiben nicht aus: Im Kreis Segeberg kommt es schon wenige Monate nach Einweihung der Autobahn zu einem Unfall, der weltweit Schlagzeilen macht: Am 6. September 1971 fallen die Triebwerke des Charterflugzeugs vom Typ British Aerospace One-Eleven der Münchner Gesellschaft Pan International kurz nach dem Start in Fuhlsbüttel aus. Der Pilot schafft es, die Maschine auf der noch wenig befahrenen A7 zu landen, aber bei Kilometer 45,5, in der Nähe von Hasloh, prallt sie gegen zwei Brückenpfeiler, zerbricht in zwei Teile, die Tragflächen stehen augenblicklich in Flammen. Hans-Günter Kiesel, damals Fotograf beim *Hamburger Abendblatt*, ist zeitgleich mit den Rettungsfahrzeugen am Unglücksort. „Ich hatte ja keine Ahnung, wo das Unglück passiert war, und bin einfach den Einsatzwagen hinterhergefahren", sagt Kiesel, der in Norderstedt, nicht weit entfernt von der Hasloher Autobahnbrücke, wohnt. Ihm bietet sich ein Bild des Grauens. „Überall Flugzeugtrümmer, verletzte Menschen und leblose Körper." Die Fotos, die Hans-Günter Kiesel damals machte, zeigen die Dramatik des Geschehens. Sie gingen um die ganze Welt.

Mehr Glück hat ein Hobbypilot 1978: Er landet sein einmotoriges Flugzeug, das in Hartenholm gestartet war, in einer Notsituation bei Bad

Bramstedt auf der Autobahn. Zu Schaden kommt dabei niemand. Eine Flugzeuglandung auf der A7 wäre bei der heutigen Verkehrslage undenkbar.

Es gibt aber auch Kurioses zu berichten. Zum Beispiel dies: Am 23. Mai 1991 sitzen die drei Bee Gees – die Brüder Maurice, Robin und Barry Gibb – in einem Fahrzeug, das bei Kaltenkirchen in einen Unfall verwickelt wird. Sie sind unterwegs zu einem Konzert in Kiel, als ihr Fahrer bei hoher Geschwindigkeit auf einen vor ihm fahrenden Pkw auffährt. Der nachfolgende, mit Bandmitgliedern besetzte Wagen prallt gegen den Unfallwagen. Bis auf den Fahrer der Gibb-Brüder, der Schnittwunden und Prellungen davonträgt, bleiben alle Beteiligten unverletzt. „Robin, Maurice und Barry bequemten sich noch nicht einmal aus ihrer Limousine", heißt es in einer Meldung des Abendblattes vom 24. Mai 1991. Der Schaden beträgt 35.000 Mark, die Fahrt in den lädierten Autos wird nach einer halben Stunde fortgesetzt, das Konzert findet statt.

Die Fahrt über den nördlichen Abschnitt der längsten Autobahn Deutschlands und zweitlängsten durchgehenden nationalen Autobahn Europas (962,2 Kilometer) ist wegen der vielen Staus oft quälend. „Ich hab schon wieder den A7-Blues", dichteten die Musiker Andreas Cisek aus Norderstedt und Uwe Lost aus Tangstedt 2013 für ihre *Countryband Truck Stop*. Und damit treffen sie ins Schwarze.
Für den Kreis Segeberg hat die Bundesautobahn 7 jedoch eine zentrale Bedeutung: Sie erschließt den Westkreis und hat größere Gewerbe- und Industriegebiete zwischen Norderstedt und Bad Bramstedt möglich gemacht. Der Autobahnbereich zwischen Norderstedt und Neumünster ist heute die Boomregion des Landes.

So geht's zum Streckenabschnitt der A7:

Von der vorletzten Hamburger Anschlussstelle Schnelsen bis zur dänischen Grenze wollte Peter Frankenfeld die A7 mit Plastikbäumen bestücken.

Ulrich Bärwald und der vermeintliche Gullydeckel, der einen der Sprengschächte abdeckte.

28

Gullydeckel

Sülfelds Rolle im Kalten Krieg

Der Wald am Klingberg ist idyllisch: Naturliebhaber können hier lange Spaziergänge unternehmen, ohne einer Menschenseele zu begegnen. Aber irgendwann trifft man auf vier bewachsene Erdhügel mit betonierten Eingangsschächten und Belüftungsschornsteinen. Vermutlich macht sich kaum jemand Gedanken über diese gut getarnten Bauten, die im Volksmund „Bunker" genannt werden und über deren Bedeutung heute kaum noch jemand etwas weiß. Tatsächlich verbirgt sich dahinter ein Geheimnis, das aus aktueller Sicht völlig absurd erscheint, vor Jahrzehnten aber eine große militärisch-strategische Bedeutung hatte. Zu diesem Geheimnis gehören auch einige Kanaldeckel, die ein paar Kilometer weiter auf der Brücke im Tal der Norderbeste am Ortsausgang der Gemeinde Sülfeld in Richtung Bad Oldesloe zu sehen sind. Diese Deckel hatten ebenfalls eine besondere Bedeutung, die in direktem Zusammenhang mit den Bunkern am Klingenberg stehen. Ulrich Bärwald, ehrenamtlicher Archivar der Gemeinde und der Kirchengemeinde Sülfeld, hat die Rolle seiner Heimatgemeinde in Zeiten des Kalten Krieges erforscht.

Sülfeld ist eine eher verträumte Gemeinde an der Grenze zum Kreis Stormarn. Die imposante Kirche steht mitten im Ort, rundherum gruppieren sich alte Häuser und neue Siedlungen. Im Zeitalter des Kalten Krieges zwischen den Westmächten unter Führung der USA und dem Ostblock unter Führung der Sowjetunion (1947-1989) kam dem Dorf jedoch eine besondere strategische Bedeutung zu. Die Kreisstraße 15 in Richtung Tönningstedt hätte sich für DDR-Soldaten und die Sowjet-Armee bestens geeignet, um Richtung Nordsee vorzudringen. Im Kriegsfall hätten im Norden die schlimmsten Schlachten getobt, um den Durchbruch der feindlichen Truppen an die Nordsee zu verhindern. Die Westküste galt als kriegsentscheidend: Wäre der Warschauer Pakt bis nach Cuxhaven und Büsum vorgedrungen, hätten die ausländischen Nato-Truppen auf dem Weg ins bedrängte Deutschland dort kaum mit ihren Schiffen anlanden können.
So dachten die militärischen Planer noch bis zum Zusammenbruch der Sowjetunion 1991. Warum in den strategischen Überlegungen ausgerechnet Sülfeld eine Rolle gespielt hat, kann heute kaum noch geklärt werden. Aber es war tatsächlich so: Wären Sowjet-Panzer angerollt, hätten sie die Brücke überqueren müssen, da das Norderbeste-Tal zu sumpfig ist. Mitten auf der Brücke wäre es zu diversen Detonationen gekommen, die den Truppenanmarsch vielleicht nicht nachhaltig aufgehalten, aber mindestens „verzögernden, lähmenden oder behindernden Charakter“ gehabt hätten. So der damalige Jargon. 25 Kilogramm schwere, neun Zentimeter dicke runde TNT-Pakete mit einem Durchmesser von 51 Zentimetern – vom Aussehen her Käselaiben ähnlich – wären im Ernstfall innerhalb von 90 Minuten in die Schächte eingebracht worden. Die Sprengkraft hätte die Brücke pulverisiert.

Die Deckel, die die Schächte verschließen, sind bis heute gut sichtbar und täglich fahren Hunderte von Autos darüber. Wer sie überhaupt

wahrnimmt, denkt vermutlich, hier handelt es sich um Kanal- oder Gullydeckel, mit denen sie eine verblüffende Ähnlichkeit haben. Auf die in der Mitte liegende *Schraube,* mit der der Deckel verschlossen wird, achtet vermutlich kaum jemand.
Ulrich Bärwald ist einer der wenigen im Ort, die das Geheimnis der Sprengschächte kennen. „Niemand ahnt heute, was diese Deckel auf der Fahrbahn für eine Bedeutung hatten", sagt er.

Zuständig für die Wartung und die im Ernstfall vorzunehmende Befüllung waren die Wallmeister-Trupps, die es an jedem Militärstandort gab. Der zuständige Trupp agierte von der Lettow-Vorbeck-Kaserne in Bad Segeberg aus. Die Wallmeister trugen Zivil und waren in unauffälligen grauen VW-Bussen mit wechselnden Kennzeichen unterwegs, wenn sie die „Objekte" inspizierten.
So viel zu den als Gullys getarnten Sprengstoffschächten. Jetzt kommen die Bunker am Klingberg ins Spiel. Denn ohne sie hätten die Sprengschächte auf der Brücke nicht befüllt werden können. Dabei handelte es sich um Munitionshäuser, die zwar meistens leer standen, im Ernstfall aber innerhalb kurzer Zeit hätten bestückt werden können. Die Wallmeister hätten sich daraus bedient und die Sprengschächte in den Straßenflächen oder Brücken mit dem Sprengstoff befüllt. Ob die Pioniersperrmunitionshäuser am Klingberg jemals gefüllt waren, lässt sich heute nicht mehr sagen. Regelmäßig bewacht waren sie allerdings nie. Von den rund 4800 Sprengschächten unter deutschen Straßen sind die meisten inzwischen im Zuge von normalen Straßenbaumaßnahmen verschwunden. Die genaue Zahl kann jetzt nicht mehr ermittelt werden, aber vor etwa zehn Jahren ging man davon aus, dass noch rund 1.650 von ihnen existierten, pro Jahr aber rund 200 verschwinden würden. Vielleicht sind die Sülfelder Sprengschächte die letzten im Lande.

So geht's zu den vermeintlichen Gullydeckeln:

Die „Gullydeckel" sind auf der Fahrbahn, die geheimnisvollen Kanalschächte liegen unter der Straße Sülfelder Brücke.

Der Hamburger Künstler Volker Meier gestaltete die kunstvolle Bronzeplatte nach dem Vorbild der Hamburger Sieldeckel.

Alsterquelle

29

Ein Stück Hamburg in Henstedt-Ulzburg

Marianne Baier steht an der halbrunden Steinmauer und blickt hinab ins Wasser: Hier beginnt Hamburgs Herz ganz unscheinbar zu schlagen. Die Vorsitzende des Hamburger Altervereins besucht die „Kinderstube" von Hamburgs bedeutendem Fluss, die in einem Wald- und Moorgebiet am Rande von Henstedt-Rhen liegt: Die Alsterquelle am Hein-Timm-Weg ist ein Ort, der im krassen Gegensatz zur glamourösen Hamburger Innenstadt rund um die aufgestaute Binnen- und Außenalster steht. Aus der modderigen Quelle blubbert dunkles Wasser, das dann zunächst in Richtung Nordosten rinnt, keinesfalls aber strömt.

Eine die Quelle abdeckende kunstgeschmiedete Platte stellt eine kurvenreiche Nixe und die Burg aus dem Hamburger Wappen dar. Außerdem ist die Aufschrift *Quellgrund der Alster* zu erkennen. Tatsächlich liegt die Quelle in Henstedt-Ulzburg, die Stadt Hamburg ist aber Grundeigentümerin des Geländes.

Warum hat eine Millionenstadt Interesse an einer unscheinbaren Quelle, die etliche Kilometer von der Stadtgrenze entfernt in einem schleswig-holsteinischen Naturschutzgebiet liegt? Tatsächlich war es zunächst nicht die Hansestadt, die das Gelände rund um die Alsterquelle erwarb, sondern im Jahre 1906 der Hamburger Alsterverein, der sechs Jahre zuvor im Stadtteil Poppenbüttel gegründet worden war.

Marianne Baier, Vorsitzende des Hamburger Alstervereins, an der mit Natursteinen eingefassten Alsterquelle.

Bauer Hinrich Pruns verkaufte das Land an den Verein unter der Bedingung, dass seine Rinder die Alsterquelle weiterhin als Viehtränke nutzen konnten. „Sinn des Grundstückserwerbs war es, die Alsterquelle frei von hinderlichen Stacheldrahtzäunen als ein für die Besucher zugängliches Ausflugsziel zu erhalten", sagt Marianne Baier, Erste Vorsitzende des Hamburger Alstervereins, der seinen Sitz im Wellingsbüttler Torhaus, Wellingsbüttler Weg 75a, hat.

Die Stadt Hamburg hatte sich schon im Jahre 1678 das Recht zur regelmäßigen Räumung – also der Befreiung von übermäßigem Pflanzenbewuchs – der Alster von Naherfurth aufwärts bis zur Quelle

gesichert, um den benötigten Wasserstrom zu gewährleisten. Bau- und Brennholz wurde auf der Alster in Richtung Hamburg transportiert.
Bereits 1885 hatte die freie Turnerschaft Hamburg an der Alsterquelle einen kleinen Gedenkstein aus Marmor mit zwei Bronzetafeln aufgestellt, der nach seiner Zerstörung 1905 von der Hamburger Baudeputation durch einen Findling mit neuen Bronzetafeln ersetzt wurde.
Der Alsterverein baute 1907 eine runde Schutzhütte, in der bis zu 50 Personen Platz fanden. Aber immer wieder kam es rund um die Quelle zu Zerstörungen: Nicht nur die Hütte ging wenige Jahre später zu Bruch, auch die umstehenden Bäume wurden in Mitleidenschaft gezogen. 1924 stand in unmittelbarer Umgebung der Alsterquelle kein einziger Baum mehr. Als Folge errichtete der Alsterverein einen Staketenzaun rund um die Quelle – offenbar kein schöner Anblick, zumal die Holzlatten ständig mit Farbe beschmiert waren.
„1940 übernahm die Stadt Hamburg das Alsterquellgrundstück vom Alsterverein, um die erforderliche Betreuung sicherzustellen", sagt Marianne Baier. „Damit war der Verein die Verantwortung los."
Aber auch in den folgenden Jahren kam es immer wieder zu Vandalismus. „Die Quelle und ihre Umgebung befinden sich in einem Zustand zunehmender Verwahrlosung", berichtete die *Hamburger Morgenpost* 1953. Nach einem Aufruf in der Zeitung fanden sich Freiwillige zum Aufräumen der Quelle und des Grundstücks rundherum.
Es wurde eine hufeisenförmige Feldsteinmauer gebaut, die die Quelle bis heute umschließt. Als die neue Anlage im September 1953 vom damaligen Hamburger Bausenator und späteren Bürgermeister Paul Nevermann eingeweiht wurde, strömten Tausende Besucher nach Henstedt-Rhen, um den Ursprung der Hamburger Lebensader zu besichtigen.
Aber viel Freude hatte Hamburg auch in den nächsten Jahren nicht an der Alsterquelle: Es kam immer wieder zu Zerstörungen, es wurde dort Unrat abgekippt und Bäume wurden gefällt. Auch die oben beschriebene, 1968 vom Hamburger Künstler Volker Meier kunstvoll gestaltete Bronzeplatte, die den „Quellgrund der Alster" nach dem Vorbild der reich verzierten Hamburger Sieldeckel markiert, wurde 1980 entwendet. Sie tauchte allerdings drei Jahre später unversehrt wieder auf und befindet sich heute an ihrem alten Platz.

Seitdem geht es optisch bergauf mit der Alsterquelle. Das liegt nicht so sehr an der Stadt Hamburg, die sich um ihr Gelände wenig kümmert, sondern eher an der Gemeinde Henstedt-Ulzburg: Sie ließ dort einen Unterstand mit Bänken aufstellen.

Wenn Marianne Baier die Alsterquelle besucht, freut sie sich über den inzwischen guten und aufgeräumten Zustand: „Das ist doch jetzt ein Schmuckstück geworden." Und immer wieder trifft sie dort auch Ausflügler, die oft aus Hamburg kommen, um sich den Ursprung der Hamburger Lebensader anzusehen. „Für Fahrradfahrer ist das ein lohnendes und interessantes Ziel", sagt die Vorsitzende des Altervereins. An dieser Stelle beginnt ein Wander- und Radwegenetz, das quer durch das Naturschutzgebiet Oberalsterniederung bis hin zur Hamburger Außen- und Binnenalster führt. Von der Quelle bis zur Mündung in die Elbe ist die Alster 56 Kilometer lang.

„Jeder in Hamburg Geborene müßte verpflichtet sein, wenigstens einmal in seinem Leben hinzugehen, um dort mit übereinandergeschlagenen Armen seine tiefe Verbeugung zu machen vor der heiligen Quelle."

Ein literarisches Denkmal setzte der Autor Detlev von Liliencron (1844-1909) in seinem autobiografischen Roman *Leben und Lüge* der Alsterquelle: „Jeder in Hamburg Geborene müßte verpflichtet sein, wenigstens einmal in seinem Leben hinzugehen, um dort mit übereinander geschlagenen Armen seine tiefe Verbeugung zu machen vor der heiligen Quelle."

So geht's zur Alsterquelle:

Die Quelle liegt etwa 100 Meter abseits der Straße Quellenweg im Henstedt-Ulzburger Ortsteil Rhen. Sie ist ausgeschildert.

Ein Kreuz erinnert an die Stelle, an der der Landwirt Hans-Werner Studt verschwand.

30

Rotes Metallkreuz

Mord ohne Leiche

Das rote Metallkreuz steckt tief im Boden am Rand des Feldweges. „Irgendwann vor etlichen Jahren stand es plötzlich hier“, sagt der Sülfelder Ulrich Bärwald. „Wer es aufgestellt hat, weiß niemand.“ Die Jahre haben der Farbe und der Konstruktion nichts anhaben können. In den wärmeren Jahreszeiten werden an dieser Stelle am Rande der Ortschaft Sülfeld auch gerne Blumen abgelegt. So seltsam wie die Herkunft dieses Kreuzes ist die ganze Geschichte, an die es erinnern soll: Ein rätselhafter Mordfall ohne Leiche beschäftigt Bevölkerung und Kriminalpolizei nachhaltig. Nicht zuletzt dieses Tötungsdelikt hat beim Landeskriminalamt

Schleswig-Holstein zur Gründung einer Spezialeinheit für ungelöste Fälle geführt.
Am 18. Oktober 1996 verschwand der damals 50-jährige Landwirt Hans-Werner Studt. Er gehörte zu einer alteingesessenen Familie, die seit über 200 Jahren in dieser Region lebt. Ulrich Bärwald, in Sülfeld geboren und heute Chronist und Archivar der Gemeinde, erinnert sich an jenen Tag: Als Mitglied der Freiwilligen Feuerwehr musste er ausrücken, um sich an der Suche nach dem verschwundenen Landwirt zu beteiligen. „An die 100 Menschen durchkämmten bis in die Nacht umliegende Felder und Wälder – gefunden wurde nichts. Das war schon eine unheimliche Angelegenheit damals."

Nach dem Mittagessen war Hans-Werner Studt, der mit seiner Frau seit einigen Jahren in Nützen lebte und von dort aus seinen Sülfelder Hof bewirtschaftete, gegen 13 Uhr von seinem Hof mit einem Trecker und Anhänger zu einem Acker aufgebrochen. Auf der Ladefläche lagen Säcke mit Roggensaat. Ein Schrebergärtner war der letzte Zeuge, der Studt lebend sah, als der Bauer in Richtung Bargfeld-Stegen fuhr und die Hand zum Gruß erhob. Danach verliert sich seine Spur.

Gegen 16 Uhr entdeckten Landwirtskollegen Trecker und Anhänger auf einem asphaltierten Wirtschaftsweg; der Motor lief, die Roggensaat lag unangetastet auf der Pritsche. Eine große Blutlache neben dem Traktor beunruhigte zunächst nicht: Die Landwirte dachten, dass Studt Wild angefahren hatte und gerade dabei war, den Kadaver wegzuschleppen. Niemand ging zu diesem Zeitpunkt auf die Suche nach ihm.

Erst am Abend begann sich seine Ehefrau um ihren Mann zu sorgen. Sie fuhr hinaus zum Acker, entdeckte die Blutlache und alarmierte die Polizei. Wenig später stieß auch die Sülfelder Feuerwehr hinzu. „Ich erinnere mich noch genau an das getrocknete Blut auf der Fahrbahn", sagt Ulrich Bärwald. „Die Lache war so groß, dass es fast aussah, als sei hier absichtlich Blut über die Straße gekippt worden."

In den Tagen darauf setzte die Polizei mehrere Hundertschaften ein, Hubschrauber kreisten über der Region. Die bis dahin größte Suchaktion der Polizei in der Geschichte Schleswig-Holsteins brachte keine Erkenntnisse. Auch die umfangreichen Berichte in allen Medien mit der Bitte um Zeugenhinweise führten zu keinem Erfolg.

Bis heute bleibt der Fall, der immer wieder von den Medien aufgegriffen wird, ein Rätsel. Aber immer noch bietet er im Kreis Segeberg und darüber hinaus Gesprächsstoff. In entsprechenden Internetforen wird bis heute diskutiert und gemutmaßt.
Es gab und gibt viele Vermutungen und Spekulationen. Eine Theorie besagt, Studt habe sich kurz nach der deutschen Wiedervereinigung an dubiosen Grundstücksgeschäften in der ostdeutschen Landwirtschaft beteiligt und sei dabei an die Falschen geraten. Auch die Vermutung, der Landwirt habe sich Blut selbst abgezapft, es auf der Straße verteilt und sich dann aus dem Staub gemacht, machte die Runde. Nichts ist bewiesen. Das Blut übrigens stammte nachweislich aus dem Körper von Hans-Werner Studt. Erst am 12. Oktober 2001 erklärte das Amtsgericht Neumünster den verschwundenen Landwirt für tot.

Ein Jahr nach dem Verschwinden des Landwirts zündete ein Brandstifter das leerstehende Wirtschaftsgebäude in Sülfeld an, die Benzinkanister des Brandstifters wurden gefunden. Inzwischen sind die Hofgebäude abgerissen, an der Stelle stehen vier Einfamilienhäuser, von denen die Bewohner weit in das Norderbestetal sehen können. „Als Kind war ich fast täglich auf dem Studt'schen Hof", erinnert sich Ulrich Bärwald. „Meine Freunde und ich haben dort gespielt, aber auch mitgeholfen." Heute lebt noch die Schwester in Sülfeld.

Das Landeskriminalamt hat den Fall Studt noch nicht zu den Akten gelegt. Die 2015 gegründete „Cold Case Unit", beschäftigt sich speziell mit älteren, ungeklärten Fällen und kann dabei die neuesten Techniken einsetzen. Zu diesen Fällen gehört auch das spektakuläre Verschwinden des Sülfelder Landwirts.

So geht's zum roten Metallkreuz:

Das rote Metallkreuz steht am Rande des Wirtschaftsweges In den Königsteichen direkt an der Einmündung in den Gräbenkater Weg.

59

31

Briefkasten

Ein Privatzoo, der Schlagzeilen machte

Das Gelände ist unwegsam und wild bewuchert. Im Sommer müssten sich Besucher einen Weg freischlagen, vor Beginn der Vegetationsperiode ist es noch möglich, mit einiger Mühe voranzukommen. Wer sich darauf einlässt, verliert aber schnell die Orientierung und irrt ziellos umher. Genau an dieser Stelle entstand 1974 ein später sehr gut besuchtes Ausflugsziel für Familien aus Norderstedt und Umgebung: Der Privatzoo des damals 41 Jahre alten Schachtmeisters Hubert Knöpke und seiner Frau Margret – der Briefkasten des Ehepaars hängt immer noch an Ort und Stelle – war beliebt, aber auch umstritten.
Heute stehen hier noch ein paar eingefallene Hütten und Stallungen, in denen einst Tiere untergebracht waren. Seit 1985 ist das Gelände sich selbst überlassen und wird nur noch selten von Menschen betreten. Angelika Ohm war hier einst als Tierpflegerin tätig und kann sich gut an die Familie Knöpke und ihre Schützlinge erinnern: „Das gefährlichste Tier war ein Fasan, der immer zum Sturzflug ansetzte, wenn ihm Besucher zu nahe kamen."

1982 machte der Norderstedter Privatzoo landesweit Schlagzeilen. Der Anlass war ein schreckliches Unglück: Am 27. Februar 1982 besuchte ein Ehepaar aus Ellerau mit seinem vier Jahre alten Sohn den Norderstedter Tierpark. Der kleine Junge war vor allem von zwei Löwen fasziniert, die ohne Auslauf in einem kleinen Käfig lebten. Die Haltung der Löwen war dem Betreiber-Ehepaar vom Kreis genehmigt worden, die Sicherung des Käfigs durch Baustahlmatten fand die Zustimmung der Behörden. Engmaschiger Draht sicherte die Durchlässe des quadratischen Gitters zusätzlich – aber es gab an der Seite eine kleine Lücke. Und genau durch diese steckte der kleine Junge seinen Kopf. Der zweijährige Löwe Zimba biss zu und riss dem Kind den Unterkiefer ab. Im Krankenhaus Ochsenzoll konnten die Ärzte sein Leben nach einer 14-stündigen Operation retten. Der Tierpark

Angelika Ohm vor dem Kringelkrugweg 59: Der Briefkasten ist ein Überbleibsel des Privatzoos.

musste nach dem Unfall vorübergehend geschlossen werden, öffnete aber zwei Wochen später wieder. Im November 1983 wurde der Tierparkbesitzer vom Vorwurf der fahrlässigen Körperverletzung freigesprochen. Die beiden Löwen mussten am 1. März 1982 erschossen werden. Ein Luchs und zwei Pumas durften im Tierpark bleiben, nachdem die Käfige zusätzlich gesichert worden waren. Eine Kommission aus Vertretern der Stadt Norderstedt, des Kreisveterinäramts und des Landesamts für Naturschutz und Landschaftspflege hatte den Park nach dem Unglück inspiziert und sich dabei von einem Sicherheitsexperten des Tierparks Hannover beraten lassen.

Am 18. August 1974 eröffneten Hubert und Margret Knöpke ihren Privatzoo auf dem 15.000 Quadratmeter großen Gelände, das sie vom Brüderhof des Rauhen Hauses gepachtet hatten. Affen, Waschbären, Zwergziegen, Papageien, einige Raubvögel, Wildschweine und viel Wassergetier bildeten zunächst die Grundlage des vorher auf ihrem Grundstück an der Marommer Straße untergebrachten Tierbestandes. Vier Kilometer lange Wanderwege durchzogen den Tierpark, der vor allem an den Wochenenden ein beliebtes Ausflugsziel war. „Tatsächlich kamen sehr viele Besucher“, sagt Angelika Ohm, „der Norderstedter Zoo war im Kreis Segeberg eine echte Attraktion.“
Rund 250.000 Euro kostete die Einrichtung des privaten Zoos – das Geld stammte zum Teil aus ihrem privaten Besitz, dazu kamen Spenden, später wurde zur Unterstützung ein Förderverein gegründet. Auch die Stadt Norderstedt gab Zuschüsse. Durch das Eintrittsgeld und die Einnahmen aus einem kleinen Café konnten die laufenden Kosten gedeckt werden.
Das Ende des Tierparks kam schleichend. Die Negativschlagzeilen nach dem Löwenbiss sorgten für einen Besucherschwund, die Einnahmen blieben aus, der Unterhalt war kaum noch zu finanzieren. 1985 endete das Kapitel „Tierpark Norderstedt“.

So geht's zum Briefkasten:

Der Norderstedter Zoo lag am Ende des Kringelkrugweges in Norderstedt.

Garstedts Altes Rathaus an der Ochsenzoller Straße hat bis heute eine wichtige Funktion in Norderstedt. Es ist Sitz des Sozialwerks, das auch 14 Seniorenwohnungen in dem Gebäude betreibt.

32

Altes Rathaus

Von Gemeindeverwaltung zu Seniorenheim

In früheren Jahrzehnten hatten sie für die Bevölkerung eine große Bedeutung, heute sind sie eher unauffällig in das Stadtbild integriert: Die ehemaligen Rathäuser in den vier Ursprungsgemeinden Norderstedts sind längst nicht mehr als ehemalige Amtsgebäude zu erkennen. Aber es gibt sie heute noch. „Nur die älteren Norderstedter kennen die Geschichten der Rathäuser“, sagt Peter Reimann, Vorsitzender des Heimatbundes Norderstedt. „Wer nach der Stadtgründung 1970 geboren wurde oder im Laufe der Jahre zugezogen ist, weiß natürlich nichts mehr davon.“

Im heutigen Norderstedt gibt es vier ehemalige und ein aktuelles Rathaus. Das heutige Rathaus wurde 1984, also 14 Jahre nach der Stadtgründung, an der Rathausallee eingeweiht und seitdem stetig erweitert, damit die Verwaltung an die Bedürfnisse einer wachsenden Stadt mit 80.000 Einwohnern im Jahre 2019 angepasst werden konnte. Bis dahin wurde die junge Stadt vom ehemaligen Rathaus Harksheide auf dem Falkenberg aus verwaltet.

Garstedt war die größte der vier Ursprungsgemeinden, zu denen auch Harksheide, Glashütte und Friedrichsgabe gehören. Zum Zeitpunkt des Zusammenschlusses hatte die bis dahin zum Kreis Pinneberg gehörende Gemeinde 21.184 Einwohner. Es gab bereits einen U-Bahnhof und das Herold Center, das bis heute das wichtigste Einkaufszentrum für Norderstedt und Umgebung geblieben ist.

Peter Reimann kennt die Geschichte des Garstedter Rathauses ganz genau. Während der Zeit der Nazi-Herrschaft gebaut, wurde es 1940 an der Ochsenzoller Straße fertiggestellt und vom damaligen Bürgermeister, dem Nationalsozialisten Heinrich Goldschmidt, eingeweiht. Von 1936 bis 1945 leitete er die Gemeindeverwaltung. Nach einer kurzen Amtszeit (1945) durch den von der englischen Besatzungsmacht eingesetzten Adolf Bär übernahm 1946 Friedrich Lange das Amt des Bürgermeisters bis zu seinem plötzlichen Tod im Jahre 1958. Ihm folgte 1959 Horst Embacher, der später auch erster Bürgermeister von Norderstedt wurde und bis 1982 in diesem Amt blieb.

Peter Reimann vor dem Alten Rathaus Garstedt.

1925 wurde Garstedt erstmals hauptamtlich verwaltet. Bürgermeister war damals der Sozialdemokrat Adolf Rümpler.

Als das Rathaus an der Ochsenzoller Straße gebaut wurde, hatte die Gemeinde Garstedt knapp 5.000 Einwohner, 1961 waren es bereits 12.875. 1960 war eine Erweiterung des Rathauses unumgänglich, um allen anfallenden Aufgaben gerecht werden zu können.

Die Stadt Hamburg hatte übrigens andere Vorstellungen von der Entwicklung Garstedts: Im Jahre 1924 stellte der große Nachbar im Süden

einen Siedlungsplan für das Gebiet von Garstedt auf, der auf 40.000 Menschen ausgerichtet war. Es war ein Plan, der unter falschen Voraussetzungen aufgestellt worden war, denn es wurden großstädtische Verhältnisse einfach auf das flache Land übertragen.
Seit 1974 ist das „Alte Rathaus Garstedt" Sitz des Sozialwerks Norderstedt mit einem umfangreichen Angebot. Im Jahre 2000 kamen 14 seniorengerechte Wohnungen hinzu, die das Sozialwerk in diesem Gebäude vermietet.

Was ist aus den übrigen Rathäusern der Norderstedter Ursprungsgemeinden geworden?
Das Hochhaus am Falkenberg, in dem zuletzt die Gemeindeverwaltung Harksheide und später die erste Stadtverwaltung Norderstedts untergebracht waren, ist heute ein Wohn- und Geschäftshaus. Das vorige Rathaus (1945-1961) am Forstweg ist nun ein Kindergarten. Als erste Gemeindeverwaltung diente ab 1938 das Haus des damaligen Bürgermeisters Willi Behrmann an der Segeberger Chaussee. Dort werden jetzt Autos verkauft. Harksheide gehörte vor der Norderstedt-Gründung zum Kreis Stormarn und hatte bei der Stadtgründung 20.011 Einwohner.
Die Gemeindeverwaltung von Friedrichsgabe, die 1958 im Erdgeschoss eines mehrstöckigen Hauses an der Bahnhofstraße eingerichtet wurde, wird bis heute als Wohnhaus genutzt. Friedrichsgabe wurde ab 1961 hauptamtlich verwaltet und gehörte zum Kreis Pinneberg. Bei der Gründung Norderstedts hatte die Gemeinde 6.792 Einwohner.
Das Rathaus Glashütte entstand erst 1965 am Kirchenweg. Es wird ebenfalls als Wohnhaus genutzt. Bei der Gründung Norderstedts hatte Glashütte, das bis dahin zum Kreis Stormarn gehörte und vom Amt Tangstedt verwaltet wurde, 6.798 Einwohner.

So geht's zum Alten Rathaus:

Es liegt in Garstedt an der Ochsenzoller Straße 85.

comes
Hartuicus
Reuentlouis

Bild

Grausamer Mord auf der Siegesburg

Die Kreuzigung Christi, die Vertreibung aus dem Paradies, Motive der Marienverehrung – das sind wiederkehrende Beispiele von Kirchenmalereien. In der Segeberger Marienkirche aber hängt ein Bild, das nicht in diesen Rahmen passt: Es zeigt unmissverständlich eine Mordszene, die nichts, aber auch gar nichts mit den Evangelien zu tun hat. Wer das erkennen will, muss ganz genau hinschauen, das Bild hängt etwas versteckt im südlichen Seitenschiff.

Eine Mordszene in der Kirche mag aus heutiger Sicht ungewöhnlich erscheinen, in früheren Jahrhunderten jedoch hatten diese Malereien eine Berechtigung: Die Wandmalereien in Kirchen und Andachtskapellen waren einst in erster Linie Verständnishilfen für die Leseunkundigen. Eine Art Comic für Analphabeten. So betrachtet wird auch deutlich, warum das Gemälde in der Kirche von Bad Segeberg als Bilderzählung aufgebaut ist. Der Segeberger Günther Gathemann hat sich in akribischer Kleinarbeit durch die Archive gewühlt und eine erstaunliche Geschichte in mehreren Varianten ans Tageslicht geholt.

Abgesehen vom eigentlichen Mord, der so oder zumindest so ähnlich tatsächlich mitten im heutigen Bad Segeberg geschehen ist, hat die Bildtafel auch sonst einen besonderen historischen Wert. Gefasst in einen Renaissance-Rahmen, spielt sich das Mordgeschehen vor der detaillierten Ansicht der Siegesburg-Südseite ab. Auf diese Weise ergibt sich ein gutes Bild von der Burg auf dem Kalkberg vor ihrer Zerstörung.

Auf dieser Burg ist der Mord im Jahre 1315 geschehen. Folgende Handlung ist abgebildet: Hartwig Reventlow, der dem Grafen Adolf VI. von Holstein-Schauenburg (1256-1315) diente, verkleidet sich als Jäger und bindet vor der Burg sein Pferd an. Dann begibt er sich in die Burg und tötet im Schlafgemach den schlummernden Grafen und dessen

Hartwig Reventlow sticht zu. Die Mordszene ist in der Segeberger Marienkirche zu sehen.

Knappen. Ob der Mörder die Tat bereut hat, weiß heute natürlich niemand mehr. Aber vorsichtshalber hat er danach, auch das ist auf dem Bild zu sehen, den Bußgang zum Papst nach Avignon angetreten – von 1309 bis 1377 residierten sieben Päpste nicht in Rom, sondern in Avignon. Er nähert sich dem Oberhaupt der Kirche auf den Knien und bittet um Absolution. Erfolgreich übrigens, soweit man dem Bild glauben darf.

Doch nicht nur das Bild gelangte in die Marienkirche – wenn auch erst viel später, wie noch zu berichten ist –, sondern auch der tote Graf von Holstein-Schauenburg (später Schaumburg), für den ein Grabmal errichtet wurde. Das ist heute verschwunden, und Günther Gathemann hat in den Archiven keinen Hinweis darauf gefunden, wo es sich befand. Täter und Opfer wurden also gleichermaßen im Kirchenschiff verewigt.

Günther Gathemann kennt die Geschichte hinter dem aufsehenerregenden Bild in der Marienkirche.

Aber warum hat der Diener seinen Herrn ermordet? „Darüber gibt es Mutmaßungen, die so vielfältig und unterschiedlich sind wie die verschiedenen Varianten über die tatsächliche Ausführung des Mordes", sagt Günther Gathemann. Eine Theorie besagt, der Graf habe die Ehefrau oder Tochter seines Dieners Reventlow missbraucht und geschwängert. Weil dieser dem Grafen gegenüber daraufhin heftige Drohworte aussprach, soll der Adelige kurzerhand dessen Bruder enthauptet und Hartwig Reventlow den abgeschlagenen Kopf in einer Schale übersandt haben, worauf Reventlow fürchterliche Rache schwor. Günther Gathemann: „Es herrschten in der Zeit des Hochmittelalters grausame Sitten."

Es kann aber auch ganz anders gewesen sein. Ein Mord aus politischer Absicht ist ebenfalls nicht ausgeschlossen. Fest steht: Graf Adolf VI. wurde in seinem Schlafgemach erstochen, sein Knappe im Nebenzimmer. Der ganze Vorfall beschäftigte die Menschen in der Umgebung viele Jahrhunderte lang, denn das Bild in der Marienkirche entstand erst 280 Jahre nach dem Mordfall. Heinrich Rantzau (1526-1598), Befehlshaber der Segeberger Burg, gab 1595 einem unbekannten Künstler den Auftrag, es zu malen, um die Erzählungen über das grausame Geschehen festzuhalten und sozusagen niederzuschreiben. Rantzau ließ in der Marienkirche sowohl das Grabmal des Grafen Adolf VI. restaurieren als auch eine Tafel mit goldener Schrift in lateinischer Sprache anfertigen, auf der das Geschehene kurz skizziert wurde. Es fehlte auch nicht der Hinweis, dass Rantzau diese Tafel zu seinem 70. Geburtstag anfertigen ließ.

Die Schrifttafel und das Bild haben im Laufe der Jahrhunderte häufiger ihren Platz in der berühmten Segeberger Marienkirche gewechselt. Die Tafel ist heute im südlichen Seitenschiff zu sehen. Sie trägt diese Inschrift: *Heinrich Rantzau, der unter drei dänischen Königen, nämlich unter Christian lll., Friedrich ll. und Christian lV., 40 Jahre lang zimbrischer Herzog [Statthalter] und Befehlshaber dieser Segeberger Burg war, hat dieses Denkmal des während des Schlafes von dem als verkleideten Hartwig Reventlow in dieser Burg ermordeten Grafen Adolf von Holstein, welches von Mönchen des Augustiner Ordens einst aus gebrannten Stein mit einer lnschrift errichtet wurde, aber vom Sturm umgestürzt war, auf eigene Kosten wiederherstellen, und die Buchstaben vergolden lassen im Jahre 1595 in seinem 70. Lebensjahr […].*
„Warum das Grabmal des ermordeten Grafen verschwunden ist, weiß heute niemand mehr“, sagt Günther Gathemann.

So geht's zum Bild:

Das Bild hängt in der Segeberger Marienkirche gleich rechts neben dem Eingang. Die Kirche liegt am Kirchplatz 5.

Der Grabstein von Ludwig Ross.

34

Grabstein

Akropolis adieu?

Die Akropolis in Athen: ein Ort, der viele Menschen zum Träumen inspiriert. Auf einem flachen, 156 Meter hohen Felsen stehen die zwischen 467 v. Chr. und 406 v. Chr. erbauten Propyläen, das Erechtheion, der Nike- und der Parthenon-Tempel. Wer das wohl bekannteste Bauensemble des antiken Griechenlands nicht selbst gesehen hat, kennt zumindest Bilder und Fotos. Auch im deutschen Schlager fand es seinen Niederschlag: „Akropolis, adieu", sang einst Mireille Mathieu. Nahezu unbekannt ist aber, dass ein deutscher Archäologe dafür gesorgt hat, dass dieses markante Gebäudeensemble sich heute so strahlend über die griechische Hauptstadt erhebt: Ludwig Ross (1806-1859) aus Bornhöved war einer der ersten Archäologen in Griechenland. Obwohl er viele Jahre in seiner griechischen Wahlheimat lebte und dort erstaunliche Werke vollbrachte, zog es ihn an seinem Lebensende wieder in die Heimat zurück:

Er wurde nicht nur in Bornhöved geboren, sondern ist hier auch begraben. Sein Grabstein liegt direkt an der Rückfront der Bornhöveder Kirche.

Heute spricht kaum noch jemand von Ludwig Ross, wenn von der Akropolis, also der Stadtfestung von Athen, die Rede ist. Nur in Fachkreisen ist sein Name bekannt. So wurde zum Beispiel in der Schleswig-holsteinischen Landesbibliothek in Kiel im Jahre 2006 die Ausstellung „Ludwig Ross, holsteinischer Patriot. Wegbereiter der Archäologie in Griechenland. Unangepasster Gelehrter an der Universität Halle“ gezeigt. „Es kommt heute tatsächlich noch vor, dass bei uns im Ort nach dem Grabstein gefragt wird“, sagt Reinhard Wundram, Bürgermeister von Bornhöved. „Dann schicken wir die Leute hinter die Kirche. Dort ist der Stein gar nicht zu übersehen. Er liegt vor den an die Kirchenmauer gelehnten Grabsteinen zweier Familienmitglieder.“

„Es kommt heute tatsächlich noch vor, dass bei uns im Ort nach dem Grabstein gefragt wird. Dann schicken wir die Leute hinter die Kirche. Dort ist der Stein gar nicht zu übersehen.“

Wer also war jener Mann, der sich zum Retter eines der bedeutendsten Altertümer aufschwang? Geboren in Bornhöved, konnte er schon im Alter von vier Jahren ganze Bücher lesen. Er begann, Medizin zu studieren, musste aber aufgeben, nachdem er bei der ersten Leichensezierung ohnmächtig vom Stuhl gekippt war. Dann widmete er sich der Philologie, studierte in Kiel, schrieb seine Doktorarbeit und ging als Privatlehrer nach Kopenhagen. Als Philologe zog es ihn über Triest nach Griechenland, wo er zunächst „Jagd auf Inschriften“, so steht es in seinen Tagebüchern, machte. Athen war 1830 nicht mehr als ein Dorf mit etwa 2.500 Einwohnern, geprägt von den Spuren des zehnjährigen Befreiungskrieges.

„Das ist nicht das glänzende veilchenumkränzte Athen“, schrieb er. „Es ist ein einziger ungeheurer Trümmerhaufen, eine gestaltlose, einförmige graubraune Masse von Schutt und Staub [...].“ Er begann, sich systematisch archäologisch-philologischer Arbeit zu widmen. 1833 ernannte der junge griechische König Otto I. aus dem Hause

Wittelsbach (1815-1867) Ludwig Ross zum Aufseher über die Antiken. Seine Aufgabe bestand zunächst darin, die Altertümer auf der Halbinsel Peloponnes ausfindig zu machen, zu sammeln und zu erhalten. Zwei Jahre noch wollte Ludwig Ross in Griechenland bleiben, am Ende wurden es 13 Jahre. Er und sein „Kollege" Leo von Klenze (1784-1864), der aus Bayern nach Griechenland entsandt worden war, um die Pläne für die neue Hauptstadt Athen zu bewerten, widmeten sich schließlich der symbolträchtigen Akropolis. Ross wurde zum „Oberconservator der Alterthümer" ernannt und erhielt damit die Oberleitung der schon geplanten Ausgrabungen auf der Akropolis. Im Alter von 28 Jahren hatte er also die Leitung des griechischen Antikendienstes übernommen.

Reinhard Wundram am Grabstein von Ludwig Ross, der vor den an die Kirchenmauer gelehnten Grabsteinen zweier Familienmitglieder liegt.

Innerhalb weniger Monate gelang es unter seiner Leitung, den Tempel der Nike Apteros aus den Trümmern auszugraben. Gemeinsam mit zwei Architekten ließ Ross diesen Tempel wieder erstrahlen. Damit entstand erstmals ein antikes Gebäude unter Verwendung der originalen Bausubstanz neu. Die türkische Moschee, die mitten im Parthenon stand, wurde abgebrochen und die ganze Akropolis von den ungeheuren Mengen Schutt der vielen nachantiken Bauwerke gesäubert. „Ich bin jetzt alleiniger Herr auf meiner theuren Akropolis", schrieb Ross 1835 an seine Eltern in Bornhöved. Er ließ teilweise bis zum natürlichen Felsboden graben und betrieb damit die erste bekannte und belegbare Schichtgrabung in der klassischen Archäologie.

Den Gipfel seiner akademischen Laufbahn erreichte Ludwig Ross 1837, als er zum Professor für Archäologie an der im Gründungssta-

dium befindlichen Universität in Athen berufen wurde. Der „Mann im weißen Leinenanzug“ zählte jetzt im ganzen Königreich zu den angesehensten und bekanntesten Persönlichkeiten.
Die Revolution im September 1843 beendete seine Tätigkeiten in Griechenland: König Otto I. wurde gezwungen Ludwig Ross, wie auch alle anderen Fremden im Staatsdienst, zu entlassen. Da er inzwischen auch in Deutschland ein bekannter Mann war, fiel es ihm nicht schwer, beruflich schnell wieder Fuß zu fassen. Durch die Vermittlung Alexander von Humboldts (1769-1859) wurde Ross eine Professur an der Universität Halle übertragen. Im Sommer 1845 kehrte er nach Deutschland zurück, wo ihm bald ein Rückenmarksleiden das Leben schwer machte. Obwohl er teilweise gelähmt war, nutzte er aber weiterhin jeden Augenblick für seine – in Deutschland nicht unumstrittene – wissenschaftliche Tätigkeit.
Am 6. August 1859 machte er seinem Leben und damit seinem Leiden ein Ende: Er schnitt sich in der Badewanne die Schlagader auf. Seinem Wunsche gemäß wurde er auf dem Friedhof in Bornhöved begraben. Noch wenige Wochen vor seinem Tod schrieb er: „Hätten nur alle Deutschen, wie ich, dreizehn Jahre im Auslande gelebt, sie würden den Partikularismus längst überwunden haben.“

Neben seinen Büchern über die Ausgrabungsarbeiten der Akropolis veröffentlichte Ludwig Ross auch vier Bände über seine Reisen auf den griechischen Inseln des Ägäischen Meeres sowie zahlreiche archäologische Aufsätze.
100 Originalbriefe wurden 2008 gefunden und mit Unterstützung der Fielmann AG erworben. Bornhöveds damalige Bürgermeisterin Helga Hausschildt übergab sie der Schleswig-Holsteinischen Landesbibliothek, wo sie jederzeit eingesehen werden können.

So geht's zum Grabstein:

Er liegt hinter der Kirche in Bornhöved, Am Alten Markt 14.

Wappen

Rokoko am Forschungszentrum

Majestätisch steht es in einem waldreichen Landschaftspark: Das Herrenhaus Borstel ist ein imposanter spätbarocker Bau, der, ganz ungewöhnlich für Schleswig-Holstein, viele Rokokoelemente enthält. Allgemein gilt es als eine der wenigen Rokokobauten des Landes. Und ein gemauertes Wappen direkt über dem Eingang deutet an, dass hier einst zwei bedeutende schleswig-holsteinische Familien vereint wurden: Das Allianzwappen zeigt, dass Friedrich von Buchwaldt (1697-1761) mit Henriette Emilie von Holstein (1714-1774) verheiratet war. Es ist eine Verbindung (Allianz) beider Familienwappen. Friedrich von Buchwaldt hatte das Herrenhaus Ende der 1740er-Jahre bauen lassen, nachdem im Jahr 1737 das alte Herrenhaus an anderer Stelle abgebrannt war. Er stand bis etwa 1747 im Dienst des dänischen Königs, war zunächst Kammerjunker, dann Kammerherr und Landrat.

Der in Hamburg lebende Heimatforscher Dr. Dr. Axel Lohr geht in seinem 2014 erschienenen Buch über die Geschichte des Gutes Borstel ausführlich auf das Herrenhaus ein. Diese Geschichte selbst ist lang und vielschichtig und kann hier nur gestreift werden. Wer sich darauf einlässt und tief eintaucht, erfährt viel über das Leben in früheren Jahrhunderten. Die Gutsherren besaßen rechtliche Privilegien, auch hatten sie fast unkontrollierte rechtliche und ökonomische Machtbefugnisse. Dadurch waren die adeligen Güter in Schleswig-Holstein nach innen kleine Staaten im Staat, die nach außen abgeschottet waren.

Axel Lohr: „Das Borsteler Herrenhaus stand mit seinen schlossartigen Ausmaßen stets im Mittelpunkt des Gutes.“ Es wurde im Jahr 1751 vollendet – diese Jahreszahl ist auch über dem Eingangsportal des Gebäudes zu erkennen. Wer damals der Architekt war, ist nicht bekannt. Selbst Axel Lohr, der jahrelang in Archiven recherchiert hat, mag sich nicht festlegen: „Über den Architekten gibt es viele Spekula-

Axel Lohr hat die Geschichte des Herrenhauses und des Gutes Borstel in jahrelanger Arbeit recherchiert. Das Allianzwappen ist über seinem Kopf zu sehen.

tionen, aber letztlich steht nicht fest, wer es war.“ Fest steht indessen, dass hier im Laufe von 14 Jahren Großes in vielerlei Hinsicht geschaffen wurde. Das zweigeschossige Herrenhaus hat eine Länge von 48 Metern und eine Tiefe von 16 Metern. In Schleswig-Holstein gibt es nur wenige Gebäude, die es an Prunk mit dem Herrenhaus Borstel aufnehmen können. Im Kreis Segeberg ist es einzigartig.

Das Allianzwappen über dem Eingangsportal zeigt die Verbindung zweier bedeutender schleswig-holsteinischer Familien an.

Heute Kultur- und Kommunikationszentrum, hatte das Gebäude zuvor eine wechselhafte Nutzung: 1930 wurde es ein Kindererholungsheim, danach war es unter den Nationalsozialisten Ausbildungsstätte für den weiblichen Arbeitsdienst und nach dem Zweiten Weltkrieg Auffanglager für Flüchtlinge. Nach der Gründung des Forschungszentrums Borstel im Jahre 1947 diente das Herrenhaus als Laborgebäude, Bibliothek, Kantine und Repräsentationsstätte.

Das sehenswerte Allianzwappen der Familien von Holstein und von Buchwaldt ist von außen gut zu sehen: Es ist genau über dem Haupteingang mit großen Portal angebracht. Der bekrönte Bärenkopf gehört zur Familie von Buchwaldt.

So geht’s zum Wappen:

Das Herrenhaus liegt auf dem Gelände des Forschungszentrums Borstel an der Parkallee im Sülfelder Ortsteil Borstel. Das Allianzwappen ist über dem Haupteingang zu sehen.

Die Gemeinde Seedorf stellte auf dem Potsdamer Platz im Ortsteil Berlin im Jahre 2008 den Gedenkstein für Wilhelm Krützfeld auf.

36

Gedenkstein

Ein unbekannter Held

Der Gedenkstein steht unscheinbar am Rande einer kleinen Parkanlage. Es gibt nicht viele Menschen, die etwas mit dem Namen, der darauf steht, anfangen können – Wilhelm Krützfeld, ein unbekannter Held.

„Hundert Meter von der Reichskanzlei, vom Reichspropagandaministerium entfernt, steht die Synagoge. Brennt die Synagoge? Nein, sie brennt nicht, ein kleines Feuer wird gelöscht, die Polizei drängt den Pöbel zurück, drängt sogar SA-Männer in ihren Uniformen zurück. Goebbels tobt am Telefon. Was ist passiert? Ein Mann hat es verhindert, Wilhelm Krützfeld, ein Polizeioffizier, der wird gerufen, eine Menschenmenge habe sich vor der Synagoge an der Oranienburger Straße versammelt, randaliere, werfe Scheiben ein, habe Gebetsbücher auf die Straße geworfen, der Mann Krützfeld kommt und gibt den Befehl, die Synagoge und die darin Weilenden zu schützen, lässt den Pöbel zurückdrängen, lässt das Feuer löschen. Der Mann Krützfeld schreitet ein." So beschreibt der Schriftsteller Uwe Timm in seinem bekannten Roman *Rot* aus dem Jahre 2001 die Situation. Wenige Zeilen später heißt es: „Ein Mann, der nicht wegschaut, der Nein sagt, dessen Name ich nochmals nenne, damit er nicht vergessen wird, Krützfeld."

Wer also ist dieser Mann, Wilhelm Krützfeld, dem auf dem Potsdamer Platz in Berlin ein Gedenkstein gewidmet ist? Nicht in der Bundeshauptstadt, sondern im kleinen, viel älteren Berlin im Kreis Segeberg, einem Ortsteil der Gemeinde Seedorf. In Hornsdorf, einem anderen Ortsteil von Seedorf, wurde der später als Held verehrte Mann am 9. Dezember 1880 geboren, im großen Berlin verstarb er am 31. Oktober 1953 – nicht vergessen, sondern als geachteter Mann. „Nicht viele kennen ihn hier noch, aber er war ein mutiger Mann und hat Großes geleistet", sagt Seedorfs Bürgermeister Gerd Lentföhr.
Die Stadt Berlin widmete ihm ein Ehrengrab, und die Bronzetafel an der Wand neben der Synagoge an der Oranienburger Straße erinnert an seine Tat, die ihn zu einem Helden in Zeiten des Duckmäusertums gemacht hat: *Der Berliner Polizeibeamte Wilhelm Krützfeld (1880-1953) bewahrte in der Pogromnacht vom 9./10. November 1938 durch mutiges und entschlossenes Eingreifen diese Synagoge vor Zerstörung*, ist auf der Bronzetafel in der Bundeshauptstadt zu lesen.

Der Geehrte hat getan, wofür er stand: Er hat Gesetz und Ordnung verteidigt und sich gegen den Bruch des Rechts gestellt. Heute eine Selbstverständlichkeit, aber 1938 waren es eben andere Zeiten. Da erforderte es gesunden Menschenverstand und viel Mut, sich gegen die Obrigkeit zu stellen und damit womöglich seine berufliche Stellung oder sogar sein Leben und das seiner Familie zu riskieren. Wilhelm Krützfeld war verheiratet und hatte zwei Söhne. Zivilcourage wird das genannt.
Die Synagoge an der Oranienburger Straße stach mit ihrer vergoldeten Kuppel hervor – sie war Symbol des jüdischen Lebens in Berlin. Für die Nationalsozialisten war sie von hohem symbolischen Wert. Mehr als andere Synagogen, die in jener Nacht brannten. Die Feuerwehren

hatten den Befehl, nicht auszurücken, um brennende Synagogen zu löschen. Aber ausgerechnet diese Synagoge stand am nächsten Morgen noch. Beschädigt, aber erhalten. Wilhelm Krützfeld und ein ihm untergebener Beamter namens Otto Bellgardt haben es verhindert. Die Nazis beriefen sich auf Adolf Hitler, Krützfeld auf den Denkmalschutz und das Wort Kaiser Wilhelms. Das Dokument über die Schutzwürdigkeit des Gebäudes hatte er in der Manteltasche, die Pistole in der Hand, als er den SA-Männern gegenübertrat. Er erzwang zusammen mit Otto Bellgardt ihren Rückzug und beorderte die Feuerwehr zur Synagoge.

Bürgermeister Gerd Lentföhr und der Gedenkstein für Wilhelm Krützfeld.

Wer war Wilhelm Krützfeld? Er diente bis 1907 in der Preußischen Armee bei der Garde in Spandau und wurde dann Polizist. Nach längerem Dienst im Landespolizeiamt und im Berliner Polizeipräsidium übernahm er in den 1930er-Jahren das Polizeirevier 65 am Prenzlauer Berg und leitete 1938 als Polizeioberleutnant das Polizeirevier 16 am Hackeschen Markt im Bezirk Mitte. Zu seinem Revier gehörte auch die Oranienburger Straße bis zur heutigen Tucholskystraße – und damit der Block mit der neuen, im Jahr 1886 erbauten Synagoge, die als eine der schönsten in Deutschland galt.

Wilhelm Krützfeld war kein heroischer Antifaschist, er war preußischer Staatsbeamter. Aber er war ein Beispiel dafür, dass man auch im Alltag dem nationalsozialistischen Wahnsinn etwas entgegensetzen konnte. Auch das ist erstaunlich: Die Tat hatte für ihn kein Nachspiel. Obwohl bekannt war, dass er als Revierleiter für das Zurückdrängen der SA-Männer verantwortlich war, blieb er im Amt.

Am nächsten Tag wurde er von Polizeipräsident Wolf-Heinrich Graf von Helldorf (1896-1944) zum Rapport einbestellt und ermahnt. Mehr passierte nicht. Wohl auch deshalb, weil der Polizeipräsident ein heimlicher, aber aktiver Regime-Gegner war. Graf Helldorf wurde 1944 als Mitverschwörer beim Hitler-Attentat hingerichtet. Erst 1940, zwei Jahre nach der Pogromnacht wurde Krützfeld versetzt, weitere drei Jahre danach ging er freiwillig in den Ruhestand. Vielleicht hätte heute niemand etwas über das Leben und Wirken von Wilhelm Krützfeld erfahren und gewusst, wenn ihm nicht der Schriftsteller Heinz Knobloch ein literarisches Denkmal gesetzt hätte. In seinem Buch *Der beherzte Reviervorsteher* beschrieb er das Leben und Wirken des Polizeibeamten.

Danach war die Rettung der Synagoge nicht Krützfelds einzige Aktion zur Rettung von Juden in seinem Revier. Wenn er Verwaltungslisten von Juden erhalten hatte, habe er sie vor Durchsuchungen gewarnt. Zudem sei er vorzeitig in Pension gegangen, weil er ahnte, dass die Berliner Polizei Beihilfe leisten sollte bei der Deportation von Juden, schreibt Knobloch.

Nach Kriegsende trat Krützfeld 1945 wieder in den Polizeidienst ein und half beim Aufbau der Berliner Polizei. 1947 leitete er die neue Inspektion im sowjetischen Sektor der Stadt. 40 Jahre nach seinem Tod ehrte ihn die Landespolizei Schleswig-Holstein. Sie benannte die Landespolizeischule Schule in Eutin-Kiebitzhörn nach ihm. Dort gibt es sogar eine Dauerausstellung: Sechs große Schautafeln, auf denen das Leben und Wirken von Wilhelm Krützfeld dargestellt wird, hängen in einem Flur der Polizeischule.

2008 wurde im kleinen Berlin im Kreis Segeberg auf dem Potsdamer Platz der Gedenkstein für ihn gesetzt. Bürgermeister Lentföhr: „Weil der Sohn unserer Gemeinde nicht in Vergessenheit geraten soll, haben wir den Stein anlässlich seines 55. Todestages hier aufgestellt.“

So geht’s zum Gedenkstein:

Der Gedenkstein für Wilhelm Krützfeld steht auf dem Potsdamer Platz an der Potsdamer Straße im Seedorfer Ortsteil Berlin.

Sieghard Bußenius mit der kleinen Steinsäule, die an die Einrichtung des Hechaluz erinnern soll.

37

Steinsäule

Kibbuz auf dem Brüderhof

Hunderte von Autofahrern sehen die schmale Steinsäule täglich, wenn sie die Straße Am Brüderhof an der Ortsgrenze Norderstedt/Henstedt-Ulzburg unweit der Schleswig-Holstein-Straße befahren. Doch kaum einer von ihnen weiß, welche Bedeutung der unscheinbare Stein hat: Die Stolperstele, geschaffen von dem Norderstedter Bildhauer Thomas Behrendt und aufgestellt vom Norderstedter Kulturverein Chaverim – Freundschaft mit Israel, erinnert an eine Einrichtung, die im Laufe der Jahrzehnte weitgehend in Vergessenheit geraten ist: der Kibbuz Brüderhof. Er war in den Jahren von 1934 bis 1939 unter Aufsicht der Nationalsozialisten eine landwirtschaftliche Ausbildungsstätte der zionistischen Jugendorganisation Hechaluz. Wo Jahre später Menschen mit geistigen Behinderungen lebten, wurden in den 1930er-Jahren junge Juden auf die sogenannte Alijah, die Ausreise nach Palästina, vorbereitet.

Der Brüderhof gehört seit 1923 dem Rauhen Haus in Hamburg, einer evangelischen Stiftung, die sich seit ihrer Gründung durch J.H. Wichern 1833 der Erziehung hilfsbedürftiger Jugendlicher widmet. In der NS-Zeit, im Januar 1934, stimmte das Rauhe Haus einer „staatspolitischen, völkisch-nationalsozialistischen Erziehung" zu – angeblich, um einer drohenden Verstaatlichung zu entgehen. Im selben Jahr wurde auf dem Brüderhof eine Ausbildungsstätte für jüdische Jugendliche geschaffen. Diese Einrichtung, die auf dem Gebiet der damals noch zum Kreis Stormarn gehörenden Gemeinde Harksheide lag, wäre vermutlich in Vergessenheit geraten, wenn nicht der Diakon Sieghard Bußenius 1978 während eines Forschungsseminars zur Geschichte des Rauhen Hauses im Nationalsozialismus auf sie gestoßen wäre.
Nicht klar war zu diesem Zeitpunkt, worum es sich wirklich handelte: eine Art freiwilliges Hilfswerk des Rauhen Hauses oder aber eine Art Abschiebelager der Nationalsozialisten. In Schleswig-Holstein befanden sich neben der Einrichtung im Harksheider Zwickmoor noch der Kibbuz Jägerslust bei Flensburg, weitere Einrichtungen gab es in den Hamburger Stadtteilen Rissen und Blankenese.

Sieghard Bußenius fand bei seinen Recherchen heraus, warum die Nationalsozialisten derartige Ausbildungsstätten duldeten. Dabei stützt er sich auf den geheimen Bericht *Die Judenfrage* des Reichsführers SS, der aus dem Mai/ Juni 1934 stammt. Darin wird der Stand der Umschulung von Juden in der Landwirtschaft beschrieben und vermerkt: „Gegen eine solche Umschulung ist nichts einzuwenden, wenn sie in geschlossenen Gruppen und im Hinblick auf eine spätere Auswanderung geschieht. Sie muss verhindert werden, wenn sie einzeln in deutschen Dörfern erfolgt und eine Ansiedlung in Deutschland vorbereiten soll." Unter diesen Umständen waren nationalsozialistische Behörden also bereit, die Tätigkeit des Hechaluz zu dulden, beobachteten sie jedoch argwöhnisch.

„Der Brüderhof war zunächst ein kleines Moorgut, das vom Rauhen Haus während der Inflationszeit gekauft worden war, um dort Torf für die Beheizung der Anstalt zu gewinnen", berichtet Bußenius. „Später, etwa 1927, waren dort 60 junge Arbeitslose in vier Baracken untergebracht, die das Land urbar machen sollten."
Die „Reichsvertretung der deutschen Juden" erhielt vom NSDAP-

Gauleiter Hinrich Lohse 1934 die Genehmigung, auf dem Harksheider Brüderhof-Gelände eine Unterkunft für 50 junge jüdische Schulungspersonen einzurichten. Die Reichsvertretung, im Jahr 1935 nach den Nürnberger Rassegesetzen in „Reichsvertretung der Juden in Deutschland" umbenannt, vermietete den Brüderhof daraufhin an die zionistische Jugendorganisation Hechaluz (hebr. der Pionier). Der Hechaluz war nach dem Ersten Weltkrieg gegründet worden, um jüdische Jugendliche nach sozialistischen Idealen für ein Pionierleben in Palästina auszubilden.

Zur Vorbereitung auf eine Auswanderung schuf der Hechaluz seit den 1920er-Jahren kollektive Ausbildungsstätten. Dort sollten die Menschen auf die Verhältnisse im damaligen Palästina durch harte Arbeit im Handwerk oder in der Landwirtschaft, das gemeinschaftliche Leben in der Gruppe, durch das Lernen der hebräischen Sprache und das Studium der jüdischen Religion, Kultur und Geschichte vorbereitet werden. Bauernhöfe in abgeschiedener Lage waren dazu gut geeignet – wie der Brüderhof im Zwickmoor.

1933 nahm der Hechaluz Fahrt auf, nachdem die judenfeindlichen Maßnahmen der Nationalsozialisten offensichtlich geworden waren. Unzählige Jugendliche suchten Rat und Hilfe beim Hechaluz – zumeist junge Juden, die kaum noch religiös und an ihre deutsche Heimat assimiliert waren. Sieghard Bußenius: „Sie sahen sich plötzlich nach der Machtübernahme durch die Nazis aus ihrer Berufs- und Lebensbahn geworfen."

Auf dem Brüderhof stand ein großes Wirtschaftsgebäude, das 1928 vom Rauhen Haus errichtet worden war. Schlafräume im Erdgeschoss für die Chaluzoth (Pionierinnen) und im Obergeschoss für die Chaluzim (Pioniere), Viehställe, Scheunen, Lagerschuppen und kleinere Baracken: 40 Ausbildungsplätze wurden hier insgesamt geschaffen.

Pächter Ernst Heinrich Leuschner, Anleiter und Vorgesetzter der Bewohner, obwohl überzeugter Nationalsozialist, half den jungen Juden aber auch in prekären Situationen beim Überleben. In späteren Berichten der ehemaligen Bewohner wurde das anständige Verhalten des Pächters gewürdigt. Er ließ die jüdischen Jugendlichen laut Augenzeugenberichten keine feindselige Haltung spüren.

Sobald sich die jungen Menschen in der Ausbildung (Hachschara) körperlich und geistig bewährt hatten, wurden sie zur Auswanderung vorgeschlagen, und es wurde ein Einreise-Zertifikat nach Palästina für sie beantragt. Bei Genehmigung gingen die Brüderhof-Bewohner gemeinsam auf die Reise.

Im Frühjahr 1938 gab es Reisezertifikate nur noch für die jüngeren Jahrgänge. Alle, die älter als 18 waren, mussten ihre Hachschara in Dänemark fortsetzen, was allerdings nur nach der deutschen Besetzung Dänemarks am 9. April 1940 funktionierte. Am 27. und 28. Oktober 1938 fand die erste große Deportation von Juden polnischer Herkunft statt, von der auch der Brüderhof betroffen war. Beim darauf folgenden Novemberpogrom wurden auf dem Brüderhof der jüdische Leiter und vier junge Juden verhaftet. Im Frühjahr 1939 musste die Ausbildungsstätte endgültig geschlossen werden; von den NS-Behörden wurden jetzt schärfere Maßnahmen zur Vertreibung der Juden durchgeführt. Am 1. Mai 1939 verpachtete das Rauhe Haus den Brüderhof an die evangelische Stiftung Alsterdorfer Anstalten.

Im Jahre 2000 traf die Norderstedter Journalistin und *Abendblatt*-Mitarbeiterin Heike Linde-Lembke, Gründerin und langjährige Vorsitzende des Vereins Chaverim, in Jerusalem eine Frau, die 1939 als eine der Letzten den Brüderhof verließ. Bertchen Kern, die sich später Batia Amorai nannte, war im Juni 1938 von ihren Eltern über Hechaluz auf den Harksheider Hof geschickt worden. Ihre Familie sah sie nie wieder, aber über ihre Zeit auf dem Brüderhof berichtete sie ohne Groll. „Die Jungen arbeiteten auf dem Land, im Feld und im Moor, wir Mädchen im Haushalt“, erzählte die damals 78-Jährige im Jahr 2000. Auch Sieghard Bußenius hatte in den 1980er-Jahren Kontakt zu ehemaligen Pionierinnen und Pionieren vom Harksheider Brüderhof. Heute leben nach seiner Kenntnis keine Zeitzeugen mehr.

So geht's zur Steinsäule:

Die Steinsäule steht an der Straße Beim Brüderhof 8 in Norderstedt, direkt neben der Agentur des Rauhen Hauses Hamburg GmbH.

Das kleine Berlin im Kreis Segeberg.

38

Ortsschild

Das macht die Berliner Luft…

Ja, diese Lieder sind bekannt: *Das macht die Berliner Luft*. Oder: *Ich hab' so Heimweh nach dem Kurfürstendamm*. Viele haben sie mal irgendwann gehört und vielleicht auch gesungen. Das waren Schlager, die so manche Seele berührten – natürlich bezogen sie sich auf die deutsche Hauptstadt an der Spree.

Aber es gibt im Kreis Segeberg eine Reihe von Menschen, deren Herz geht ebenso auf, wenn sie diese Lieder hören. Ach, wie schön ist doch die Berliner Luft! Außerdem liegt gelegentlich ein Hauch von Gülle hier in dieser Luft. Das kommt vor, in Berlin. Nicht im großen, sondern im kleinen Berlin: Denn hier, weit draußen im Nordosten des Kreises, gibt es auch ein Berlin. Und nicht nur das: *Unter den Linden* kann man hier genauso schön wandeln, auf dem *Kurfürstendamm* bummeln oder sich auf dem *Potsdamer Platz* treffen. Ist das wirklich möglich? Tatsächlich – und dahinter steckt eine Geschichte, die Manfred Schmidt,

Archivar im Amt Trave-Land, erzählen kann und die schon im vorletzten Jahrhundert begann.

Bully Buhlan (1924-1982) hatte bekanntlich immer einen Koffer in Berlin. Ob er mit diesem Koffer jemals im kleinen Berliner Zwilling unterwegs war, ist nicht bekannt. Aber der ehemalige regierende Bürgermeister von Berlin, Willy Brandt (1913-1992), war tatsächlich hier. Nicht als Bürgermeister, sondern in seiner Eigenschaft als Bundeskanzler. Auch die Berliner Bürgermeister Schütz, Stobbe und Diepgen kamen zu Besuch und staunten vermutlich nicht schlecht über Straßennamen, die ihnen aus dem großen Berlin bekannt waren: neben Kurfürstendamm, Unter den Linden und Potsdamer Platz auch Lichterfelde, Heerstraße und Berliner Schloss. Am 18. Juni 1964 wurde ein Berlin-Gedenkstein mit der Aufschrift *BERLIN 357 km berlin* und dem Berliner Bären während einer Feierstunde in Anwesenheit eines Vertreters Groß-Berlins zur Erinnerung an das geteilte Berlin enthüllt. Wo? Natürlich auf dem Potsdamer Platz…

Amtsarchivar Manfred Schmidt am Berliner Ortsschild.

Einige dieser Namen gibt es schon seit etwa 1880. „Die Straßennamen Potsdamer Platz, Unter den Linden und Kurfürstendamm wurden von hiesigen Berlinern mitgebracht, die im großen Berlin in kaiserlichen Regimentern gedient hatten", sagt Manfred Schmidt. Offenbar fanden es die damaligen Bewohner originell, diese Straßennamen zu verwenden. Jedenfalls ist es bis heute so geblieben. Sie stammen also tatsächlich aus dem großen Berlin, aber der Dorfname ist kein Abklatsch: „Unser Berlin ist 29 Jahre älter als die Hauptstadt", weiß Schmidt, der auf eine Urkunde aus dem Jahr 1215 verweisen kann. Die Hauptstadt dagegen wurde erstmals 1244 urkundlich erwähnt.

Übrigens kann der Amtsarchivar heute berichten, dass es für die Dorf-Berliner durchaus normal ist, in Straßen mit bekannten Namen zu leben. „Darüber denkt heute niemand mehr nach, das ist selbstverständlich.“ Es wundert sich auch niemand mehr, wenn auf dem Potsdamer Platz Touristen stehen und das Straßenschild fotografieren, wenn sie auf dem Kurfürstendamm spazieren gehen oder staunend unter dem Schild *Unter den Linden* stehen. Ja, Berlin im Kreis Segeberg ist eine Touristenattraktion. Wer auf der B432 in Richtung Ostsee fährt, kann schnell mal einen Abstecher in das berühmte Dorf machen, das seit 1929 zur Gemeinde Seedorf gehört.

Kontakte zwischen den beiden Berlins gab es schon zu Kaisers Zeiten, aber Ende der 1960er-Jahre wurden die Beziehungen intensiver. Der Sportverein, die Feuerwehr und die Volkshochschule reisten in die damals geteilte Stadt an der Spree. Die jeweiligen Reisegruppen der Volkshochschule wurden sogar jedes Jahr vom Berliner Senat empfangen. Der damalige ehrenamtliche Bürgermeister Manfred Frank lud seine hauptamtlichen Kollegen in sein kleines Dorf ein – und siehe da: Sie kamen und hatten, so wird berichtet, viel Spaß auf dem Potsdamer Platz im Kreis Segeberg. Die heutigen Straßenschilder haben übrigens auch etwas mit Groß-Berlin zu tun: Sie sind ein Geschenk des Senats der Stadt Berlin und stammen aus dem Jahr 1962.

Bei aller Verbundenheit und Liebe zum großen Berlin, auf den Dialekt der hiesigen Einwohner hat sich das nicht ausgewirkt. Hier wird nach wie vor Holsteiner Platt geschnackt. Oder zumindest Hochdeutsch mit starkem Holsteiner Einschlag.

So geht’s zum Ortsschild:

Bei Ahrensbök auf der B 432 nach Osten in Richtung Gnissau abbiegen und weiter nach Berlin fahren. Der Potsdamer Platz liegt 200 Meter hinter dem Ortsschild auf der linken Seite.

Satellitenschüsseln

Signale aus dem All

Eine Satellitenschüssel gibt es in vielen Haushalten. Auf dem Dach, dem Balkon oder im Garten. Aber in Norderstedt steht ein Gebäude mit nicht nur einer, sondern unzähligen Schüsseln auf dem Dach. Sie sind an der Fassade des Wasserwerks angebracht und nach Süden ausgerichtet. Was steckt hinter den geheimnisvollen Schüsseln, die geradezu futuristisch anmuten? Hat der amerikanische Geheimdienst NSA hier seine Ohren aufgesperrt? Oder was hat die Konzentration an Satellitenschüsseln an der Wand zu bedeuten?

Diese Frage stellen sich nicht nur die Anwohner der neuen Oadby-and-Wigston-Straße, sondern auch die Autofahrer, die auf dem Straßenabschnitt zwischen Ulzburger Straße und Waldstraße auf Norderstedts neuer Umgehungsstraße unterwegs sind und auf der Höhe von Jungheinrich die Wand passieren, an der ein Empfangsgerät neben dem anderen hängt. „Wir bekommen immer wieder Anfragen", sagt Oliver Weiß, Sprecher der Stadtwerke Norderstedt, der das Geheimnis der weißen Schüsseln gern lüftet.

Was da die Aufmerksamkeit auf sich zieht, empfängt TV-Signale aus dem All, bereitet sie auf und verteilt sie an mehrere 100.000 Kunden, 300.000 davon allein in der Hansestadt Hamburg, wo willy.tel, der Kooperationspartner von wilhelm.tel, aktiv ist. Doch auch in Hannover und selbst im weit entfernten Saarland können sich TV-Zuschauer dank der Signale aus Norderstedt unterhalten und informieren lassen. Die wilhelm. tel GmbH ist ein regionaler Anbieter von Telekommunikationsleistungen mit Sitz in Norderstedt. Das Unternehmen ist über die Stadtwerke Norderstedt zu 100 Prozent im Besitz der Stadt. Die Zahl der Kunden steigt ständig. Seit 2013 wird in Norderstedt und in Teilen Hamburgs ein kostenfreies Wi-Fi-Netzwerk ohne Zeit- und Datenlimitierung zur Verfügung gestellt.

Was die Satelliten aus ihrer stabilen Position in rund 36.000 Kilome-

Malte Kock ist der Herr über die Satellitenschüsseln. Er sorgt für Programmvielfalt auf den Fernsehschirmen.

tern Höhe zur Erde senden, fängt die Empfangsstation, im Fachjargon Kopfstation, in Norderstedt auf. Sie hängt direkt am Wasserwerk Friedrichsgabe. Von dort werden die Informationen via Glasfaserkabel weitergeleitet.

Erster Anlaufpunkt für die Satelliten-Signale aus dem Universum sind die Parabol-Antennen, die im oberen Bereich der Fassade angebracht und nach Süden ausgerichtet sind. „Das ist nötig, weil die TV-Satelliten über dem Äquator stehen", sagt Malte Kock, der bei den Stadtwerken für technische Planung und Systemintegration zuständig ist. Kock und sein Team verfahren nach dem gleichen Prinzip wie der private Satelliten-Nutzer. Nur: An der Wand der Empfangsstation kleben gleich 20 „Schüsseln". Die Menge ist nötig, um den Kunden Vielfalt auf dem Bildschirm zu bieten: Einschließlich Bezahl-Sendern stellt der Norderstedter Kommunikationsanbieter 450 TV-Sender zur Verfügung, hinzu kommen mehr als 190 Radiosender.

„Sorgen machen uns die Angebote aus der Türkei, weil die Sendeleistung oft schwach ist", sagt Kock. Dennoch gelingt es den Norderstedter Technikern, die Inhalte „aus dem All zu fischen".

Ein futuristischer Anblick: Die Satellitenschüsseln empfangen TV- und Radioprogramme aus der ganzen Welt.

Das ist nicht das einzige fremdsprachige Angebot: Den arabischen Nachrichtensender *Al Jazeera* können Kunden auf Bosnisch, Arabisch und Englisch empfangen, *Ariana Afghanistan* sendet auf Paschtu, *Arirang TV* auf Koreanisch und *ARM 1* auf Armenisch. „Wenn entsprechende Anfragen bei uns eingehen, versuchen wir die Senderechte zu bekommen und schalten auch Übersetzer ein, wenn nötig", sagt Malte Kock.

Nicht nur die Zahl der Satellitenschüsseln unterscheidet sich vom Privatbereich. Die professionellen Empfangsgeräte von wilhelm.tel sind beheizbar, damit die Sendequalität nicht durch Eis und Schnee leidet. Ein kleiner Sensor stellt fest, ob Schnee oder Eis den Empfang beeinträchtigen. „Nur wenn das der Fall ist, springt die Heizung an", sagt Malte Kock. „Es würde zu viel Energie kosten, wenn die Heizung bei kaltem Wetter permanent laufen würde."

Außerdem ist jede Leitung, die im Aufbereitungsraum ankommt, einzeln gegen Blitzschlag abgesichert. Zudem sind Satelliten-Schüsseln äußerst stabil verankert. Damit die Wand die Last trägt, ist das Stahl-Beton-Gemisch 60 Zentimeter stark. Und für das Stahlgerüst wurden nochmals sechs Tonnen Stahl verbaut. 280 Receiver verarbeiten die Signale, fällte einer aus, ist Ersatz vorgesehen, sodass die Kunden nicht auf einen dunklen Bildschirm gucken müssen.

Schon immer war die Kopfstation mit dem Wasserwerk verbunden.

Als das marode Gebäude am Ende der Lawaetzstraße im Jahr 2012 durch einen Neubau ersetzt wurde, nutzten Kock und sein Team die Chance, gleich einen High-Tech-Bau auf die Wiese zu setzen. Energiesparen lautete da das Motto. So wird die Wärme, die die Receiver erzeugen, nach nebenan geleitet, wo sie Büros, den Sozial- und Sitzungsraum heizt. Kaltes Quellwasser wird nicht nur als Trink- und Brauchwasser gefördert, sondern auch, um die Empfänger zu kühlen. „Natürlich in einem extra Kreislauf, der komplett vom Trinkwasser-Kreislauf getrennt ist", sagt Kock, der „Herr" der 20 Parabol-Antennen, die Hunderttausenden von Kunden einen guten Fernsehempfang garantieren.

„Es würde zu viel Energie kosten, wenn die Heizung bei kaltem Wetter permanent laufen würde."

So geht's zu den Satellitenschüsseln:

Sie sind an der Fassade des Wasserwerks in der Oadby-and-Wigston-Straße zu sehen.

Dr. Marlen von Xylander vor dem Restaurant Aroma, in dem einst die erste Garstedter Postagentur untergebracht war.

40

Altes Postgebäude

Das Fräulein vom Amt im Garstedter Warenhaus

Direkt an der Durchgangsstraße gelegen, fällt dieses Gebäude nicht besonders auf: Im ehemaligen Garstedter Warenhaus werden heute mediterrane Speisen serviert. Es ist eines von vielen Speiselokalen im heutigen Norderstedt, aber es gab Zeiten, da hatte dieses Haus einen ganz besonderen Stellenwert in der damaligen Gemeinde Garstedt: Zunächst als Warenhaus, in dem Haushaltswaren aller Art verkauft wurden, vor allem aber auch als Postagentur und als erste Fernsprechvermittlung, in der das „Frollein vom Amt" den kleinen Ort im Kreis Pinneberg per Hand mit dem Rest der Welt verband. Hätte es die Postagentur in diesem architektonisch auch heute noch interessanten Gebäude nicht gegeben, wäre Garstedt eine Weile länger vom öffentlichen Personenverkehr abgeschnitten gewesen. So aber steuerte der zwölfsitzige Postbus ungefähr 1910 – das genaue Datum ist nicht bekannt – erstmals das Garstedter Warenhaus mit der darin befindlichen Postagentur an. Denn damals hielt die „Kraftpost" nur dort, wo es Postagenturen oder Posthilfsstellen gab. In der Regel handelte es sich dabei um Gaststätten. „Für Garstedt war es der Beginn einer neuen Zeit", sagt Dr. Marlen von Xylander, Leiterin des Norderstedter Stadtarchivs.

Die Geschichte des Personennahverkehrs reicht weit in die Vergangenheit zurück. Von 1720 an fuhr eine Postkutsche zweimal pro Woche von Hamburg durch die Harksheide über Ulzburg nach Kiel. Vier Personen, so ist es überliefert, konnten in der Kutsche „ganz gemächlich" sitzen. 57 Jahre lang änderte sich nichts oder nur sehr wenig am Fahrplan, denn das Reisen mit einer Postkutsche konnten sich damals nur wenige Personen leisten, und überdies gab es für die meisten auch keinen Grund, eine lange Strecke zurückzulegen.
Erst 1777 tat sich etwas: Es wurde eine „fahrende Post" zwischen Hamburg und Hadersleben im damaligen Herzogtum Schleswig eingerichtet. Sie fuhr über die heutige Ulzburger Straße – damals der Ochsenweg – und passierte so auch den „Ossenkrog", wo die Zollstation, der Ochsenzoll, untergebracht war. Wer sich auf diese Weise kutschieren lassen wollte, musste acht Schillinge pro Meile zahlen. Das konnten sich nur begüterte Menschen leisten.

Eine entscheidende Änderung im Personennahverkehr trat 1902 für die Bewohner des Norderstedter Gebietes ein, als der „Wachtmann'sche Pferde-Omnibus" Personen, Güter und Post von Garstedt-Ochsenzoll zunächst bis Eppendorf und von 1906 an bis Ohlsdorf beförderte. Das Fuhrunternehmen Wachtmann betrieb diese Strecke und erhielt dafür einen Zuschuss von der Gemeindeverwaltung Langenhorn. Zwar war schon 1844 die Eisenbahnstrecke Hamburg – Kiel eröffnet worden, doch davon spürten die Garstedter wenig. Fünfmal in der Woche rumpelte der Pferde-Omnibus über die Strecke. Der Grund für die Eröffnung dieser Poststrecke war der Bau der „Irren-Colonie" oder „Irrenanstalt Langenhorn". Besucher und Personal hatten eine Verbindung von Ohlsdorf nach Langenhorn gefordert und bekamen sie schließlich auch. Dr. Marlen von Xylander: „Damals dauerte die Kutschfahrt zwischen den beiden Endhaltestellen etwa 80 Minuten."

Die Pferdekutsche wurde 1910 durch die „Kraftpost" ersetzt. Die Linie fuhr vom Hauptpostamt Hamburg-Hühnerposten über Lokstedt, Schnelsen, Garstedt, Ochsenzoll, Glashütte, Tangstedt, Duvenstedt, Wohldorf, Sasel, Grüner Jäger und Hellbrook nach Hamburg zurück. Für die sechs Stunden Fahrt betrugen die Fahrtkosten für die gesamte Strecke 3,20 Goldmark. Auf Norderstedter Gebiet hielt der Bus zunächst beim Post-Restaurant Heinicke an der Ecke Ohechaussee/Aspelohe und bei der Gaststätte Zur Glashütte, die es heute noch an der Segeberger Chaussee gibt. Dann allerdings kam das Garstedter Warenhaus ins Spiel.

„Damals dauerte die Kutschfahrt zwischen den beiden Endhaltestellen etwa 80 Minuten."

Die Ochsenzoller Straße, die bis dahin ein mehr oder weniger gut passierbarer Sandweg gewesen war, wurde gegen Ende des ersten Jahrzehnts des vergangenen Jahrhunderts gepflastert, sodass der motorbetriebene Omnibus dort fahren konnte. Der Postbus fuhr nun also nicht mehr auf der Ohechaussee, sondern auf der Ochsenzoller Straße bis zum Garstedter Warenhaus mit der darin befindlichen Postagentur. Das ging bis 1918. Dann wurde die Wachtmann'sche Linie eingestellt, weil die Firma Berger aus Berlin einen Personenzug mit Dampflokomotive von Ohlsdorf nach Ochsenzoll fahren ließ. 1921 übernahm die Hochbahn diese Strecke und damit auch die Postbeförderung.

So geht's zum alten Postgebäude:

Das alte Postgebäude, in dem jetzt das Lokal Aroma untergebracht ist, steht an der Niendorfer Straße 12 im Norderstedt Stadtteil Garstedt.

Peter Reimann mit dem Grenzstein an der Ulzburger Straße / Ecke Mühlenweg.

41

Grenzstein

Nachgemachter Zeuge der Vergangenheit

Der graue Granitstein steht unauffällig direkt neben einem knallroten Hydranten. Für den Laien ist nicht sofort zu erkennen, worum es hier geht. Für Historiker hat dieser Stein am Rande des Lidl-Parkplatzes an der Ulzburger Straße in Norderstedt aber eine besondere Bedeutung. „Er ist ein Zeuge der Vergangenheit", sagt Peter Reimann. Und schränkt ein: „Obwohl er nicht echt ist." Der Vorsitzende des Heimatbundes Norderstedt zeigt auf die Inschrift, die eine ganze Geschichte erzählt – allerdings nur für diejenigen, die diese Zeichen zu deuten wissen.

Der Granitstein an der Ulzburger Straße ist der letzte einer Reihe

von Grenzsteinen der einstigen Herrschaft Pinneberg. Gesetzt wurden diese Steine vom Dänenkönig Christian VII. (1749-1808), der damit Ende des 18. Jahrhunderts sein Herrschaftsgebiet Pinneberg markierte. Es reichte vom Eimsbüttler Markt in Hamburg bis nach Ulzburg-Süd, dann über Quickborn-Heide, Bilsen, Quickborn-Himmelmoor, Seeth-Eekholt bis nach Elmshorn, dann die Krückau entlang bis zur Pinnau, ehe es westlich von Wedel auf die Elbe traf, der südwestlichen Grenze des Herrschaftsgebietes.
Die östliche Grenze, die die Herrschaft Pinneberg vom Gut Tangstedt trennte, verlief entlang der Ulzburger Straße. Dort stehen seit einigen Jahren die Grenzsteine 27, 28 und 30 – die letzten in der Reihe auf Norderstedter Gebiet.
Allerdings handelt es sich um Repliken. „Die Originale sind leider verschollen", bedauert Peter Reimann. Stein Nummer 30 – um den handelt es sich auf dem Lidl-Parkplatz – war 1969 bei Erdbauarbeiten kurzfristig aufgetaucht, um allerdings gleich darauf auf unerklärliche Weise wieder zu verschwinden. Vermutlich ist er bei einem Liebhaber gelandet oder er ist einfach wieder untergebuddelt worden. Denn die Geschichte der Grenzsteine interessierte damals nur wenige Menschen. Es gibt für alte Grenzsteine in Deutschland aber auch einen Markt außerhalb der Legalität. Möglicherweise ist der historische Stein in einem dieser Kanäle verschwunden. Peter Reimann: „Nur per Zufall wird man es heute noch herausfinden."

Weil die alten Steine also verschollen waren, machte sich der inzwischen verstorbene Hobbyhistoriker Joachim Grabbe aus Henstedt-Ulzburg im Auftrag der Stadt Norderstedt im Jahre 2012 daran, die gesponserten Granitsteine zu bearbeiten. Das Landesarchiv Schleswig war begeistert, dass sich ein Hobbyhistoriker um die Rekonstruktion kümmerte. Drei Arbeitstage benötigte Grabbe damals, um mit Hammer und Meißel die Inschriften originalgetreu herzustellen. Die Vorlagen dafür stammten vom Landesarchiv.
Wer sich den Stein am Lidl-Parkplatz genauer ansieht, kann die Geschichte verfolgen: *HP* steht für Herrschaft Pinneberg, *C 7* für den Dänenkönig Christian VII., *1782* für das Jahr der Steinsetzung, *30* für die Nummer des Steins, ausgehend vom Eimsbütteler Marktplatz. Die Standorte der Grenzsteine sind auf historischen Karten im Landesar-

chiv Schleswig verewigt. Genau betrachtet, handelt es sich hier also um einen nachgemachten Stein, der aber exakt auf dem richtigen Platz steht.

Grenzsteine kamen erstmals im 16. Jahrhundert in wirtschaftlich entwickelten Gebieten an jeglicher Art von Grenze zum Einsatz. Sie verdrängten damals Mauern, Hecken oder Zäune, die zuvor die Grenzen sichtbar gemacht hatten. Die Steine, die als rechtlich verbindlich galten, standen unter einem besonderen Schutz. Dieser Schutz findet schon in frühen Volksrechten und auch in den mittelalterlichen Rechtssammlungen Erwähnung.

Im Norderstedter Stadtgebiet gibt es weitere Steine, über deren Bedeutung viele Passanten rätseln. Dabei handelt es sich nicht um Grenz-, sondern um Meilensteine, deren Ursprung ebenfalls in der einstigen dänischen Herrschaft zu finden ist. Sie stehen an den Chausseen von Altona nach Kiel, Lübeck und Neustadt, von Hamburg nach Elmenhorst, von Bad Segeberg nach Bramstedt und von Bad Segeberg nach Neumünster. Diese Straßen wurden zwischen 1830 und 1845 im damals dänischen Herzogtum Holstein gebaut und bildeten zusammen mit den ersten Eisenbahnstrecken die Basis einer modernen Verkehrsinfrastruktur. Die Entfernungssteine stehen sowohl in Hamburg als auch in Schleswig-Holstein unter Denkmalsschutz.
In Norderstedt findet man die letzten Meilensteine an der Segeberger Chaussee (ehemals Altona-Lübecker Chaussee) in Höhe der Häuser Nummer 51 und 341. Als Inschrift enthalten sie auf der Südwestseite die Entfernungsangabe nach Altona, auf der Nordostseite die Entfernungsangabe nach Lübeck (jeweils in Meilen) und auf der Vorderseite das eingemeißelte Königsmonogramm *Christian VIII.* sowie die Jahreszahl *1840.*

So geht's zum Grenzstein:

Er steht direkt am Fußweg an der Ulzburger Straße in Norderstedt in Höhe des Lidl-Parkplatzes / Ecke Mühlenweg.

Rolf Müller vor dem Geburtshaus von Karl Gustav Wilckens am Bleeck. Inzwischen ist dort das DRK eingezogen.

42

DRK-Geschäftsstelle

Der Volksheld aus Bad Bramstedt

Das Haus ist unscheinbar und passt exakt zu den übrigen Häusern am Bleeck im Herzen von Bad Bramstedt. Direkt neben dem Rathaus steht das Geburtshaus eines Mannes, der am anderen Ende der Welt ein Volksheld wurde, in seinem Heimatort aber kennt ihn kaum jemand: Kurt Gustav Wilckens hat in Argentinien viele Menschen vom Joch der Unterdrückung befreit und ganz nebenbei ein filmreifes Leben geführt.

Es ist der 25. Januar 1923. Schon am frühen Morgen ist es heiß in Buenos Aires. Mit der Straßenbahn kommt ein nordeuropäisch aussehender Mann aus der Innenstadt, steigt an der Plaza Italia im Stadt-

teil Palermo aus und geht in Richtung Fitz-Roy-Straße. Der ruhig und gelassen wirkende Mann trägt ein Päckchen, das sein Mittagessen enthalten könnte. Er stellt sich unauffällig an die Straßenecke – es sieht aus, als warte er auf einen Freund. Aber das täuscht: Seit Tagen schon beobachtet er das Haus von Oberst Varela, der bei den Arbeitern „Schlächter von Patagonien" genannt wird.
Sie geben ihm die Schuld am Tod von 1.500 streikenden Landarbeitern. Der Mann wartet, zieht seinen Hut tief ins Gesicht, blickt immer wieder zum Hauseingang. Der Oberst tritt heraus, küsst seine Tochter zum Abschied, geht die Straße hinunter, trifft auf den elegant gekleideten Herrn mit dem Päckchen unter dem Arm, stutzt, bleibt stehen – zu spät: Der Unbekannte wirft ihm das Päckchen vor die Füße, die darin enthaltene Granate explodiert, der Oberst wird schwer verletzt. Als er versucht, sich am Laternenmast festhalten, zieht sein Gegenüber die Pistole und feuert fünf Mal. Oberst Varela stirbt auf offener Straße.
Eine Szene, die von einem Drehbuchautor stammen könnte. Und genau so ist es auch: Es handelt sich um eine Sequenz aus dem Film *Aufstand in Patagonien* des Regisseurs Héctor Olivera. Gedreht wurde der Film nach dem gleichnamigen Buch von Osvaldo Bayer, der die Geschichte und den Hintergrund dieses Attentats recherchierte und aufschrieb.

So unglaublich es erscheinen mag: Der Ausgangspunkt dieser Geschichte liegt in Bad Bramstedt. Hier kam Kurt Gustav Wilckens am 3. November 1886 zur Welt. Der spätere Gewerkschafter und Anarchist wurde als Attentäter festgenommen, vom Volk aber geliebt. Ein einfacher Mann aus Bad Bramstedt, der in Argentinien wie ein Nationalheld gefeiert wurde, der bis heute verehrt wird, dem Bücher, Gedichte, Lieder und Filme gewidmet sind, nach dem sogar ein Berg in Patagonien benannt ist: Was steckt hinter dieser fast unglaublichen Geschichte, von der in seiner Heimatstadt heute nur noch wenig bekannt ist?

Ralph Müller ist einer der wenigen Bramstedter, die die Geschichte von Kurt Gustav Wilckens kennen. Der Mitarbeiter in einer Buchhandlung organisierte vor Jahren eine Lesung mit dem im Dezember 2018 verstorbenen argentinischen Schriftsteller Osvaldo Bayer, der Kurt Gustav Wilckens ein literarisches Denkmal gesetzt hatte.

Wilckens kommt 1887 als Sohn von Johanna und August Wilckens direkt neben dem Rathaus in dem Haus, das heute Heimat des örtlichen DRK ist, zur Welt. Der Vater ist ein angesehener Geschäftsmann, die Mutter Hausfrau. Sie bekommt acht weitere Kinder. Nach neun Schuljahren beginnt er eine Gärtnerlehre, kommt mit 19 Jahren in ein Eliteinfanterieregiment nach Berlin. Dort wird er auf den Krieg vorbereitet, aber schon 1906 wandert er in die USA aus und arbeitet dort zunächst als Wanderarbeiter. Ein ungebundenes Leben in der Natur mit wenig Gepäck – Kurt Gustav Wilckens lebt nach den Grundsätzen, die sein Idol Lew Tolstoi geprägt hat. Er wird Pazifist und lehnt die Ausbeutung des Menschen durch den Menschen ab.
In einer Fischfabrik organisiert Wilckens erstmals einen gewaltlosen Widerstand und gerät dadurch in Konflikt mit den US-Behörden. Sein „Vergehen“: Er stiftet Arbeiter dazu an, Fischreste, die für die Geschäfte der Armen gedacht sind, an die Geschäfte der Reichen zu schicken, die Filetstücke aber für die Armen auszuliefern. Später wird er Sprecher der Bergarbeiter, organisiert einen Streik und wird von den Zeitungen als „Der gefährlichste Rote des Westens“ bezeichnet. Er wird inhaftiert, flüchtet und wird schließlich 1917 nach Deutschland ausgewiesen, wo er in Hamburg Kontakt mit dem anarchistischen „Freibund“ aufnimmt, der ihn wiederum auf die anarchistische Arbeiterbewegung im argentinischen Teil Patagoniens aufmerksam macht.

Bevor er in sein „Traumland“ aufbricht, reist Wilckens noch einmal nach Bad Bramstedt, um seine Familie und die todkranke Mutter zu besuchen. Nach dem Tod der Mutter verzichtet er auf sein Erbe, gibt seinem Bruder Generalvollmacht und wandert erneut aus: Im September 1920 landet er in Buenos Aires, reist nach Patagonien, findet dort aber kein Paradies vor, sondern die schlimmste Form von Ausbeutung, die er je erlebt hat.
Es kommt zu einem Landarbeiteraufstand und zum Generalstreik: Ein Territorium, so groß wie Deutschland, wird lahmgelegt. Die Lage eskaliert, die Regierung bittet Oberst Héctor B. Varela um Hilfe, der „seine Pflicht“ erfüllt und ein Massaker befiehlt: 1.500 Landarbeiter werden ermordet. Der Oberst geht als „Schlächter von Patagonien“ in die Geschichte des Landes ein. Wilkens, der keine Ungerechtigkeit ertragen kann, ist erschüttert. „Wenn dieser Oberst weiterlebt, wird er wie-

der ein Massaker anrichten", sagt der „Gringo" zu seinen Freunden und beschließt, Varela zu ermorden. Von vornherein steht für ihn fest, dass er die Tat alleine begehen wird, lediglich ein Fluchtauto mit Chauffeur solle bereitstehen. Mit einer selbstgebauten Granate steht er dem Oberst schließlich am frühen Morgen des 25. Januar 1923 gegenüber, um ihn für sein planmäßiges Hinrichten und Verscharren der streikenden Landarbeiter Patagoniens zur Rechenschaft zu ziehen.

Bei dem Attentat verletzen Splitter sein Bein, er kann nicht fliehen, wird verhaftet. „Ich habe meine Brüder gerächt!", ruft er in diesem Moment. Viele Argentinier schämen sich, weil ein Deutscher aus Bad Bramstedt den Mut hatte, an ihrer Stelle den „Schlächter von Patagonien" zu bestrafen.

Das Gericht verurteilt den Bramstedter Kurt Gustav Wilckens zu 17 Jahren Gefängnis, was Argentiniens Militär und den Rechten des Landes als zu milde erscheint. Sie schleusen einen Gefängniswärter ein: Mitglied einer faschistischen Gruppe und entfernter Verwandter von Oberst Varela. Der erschießt den Gefangenen schließlich am 15. Juni 1923 im Schlaf. Danach kommt es in Argentinien zu einem Generalstreik, sogar in Deutschland gibt es wenige Tage später in Berlin eine Protestkundgebung. Der „Fall Wilckens" macht weltweit Schlagzeilen.

Kurt Gustav Wilkens wird zum Held der Arbeiterklasse. Es entstehen Gedichte und Lieder, mit denen der Bramstedter Bürgersohn in den Stand der Unsterblichkeit erhoben wird. Mehrere Bücher werden über ihn geschrieben. Eine Gedenktafel gibt es bisher in Bad Bramstedt nicht. Doch sein Geburtshaus, das steht noch. Und kündet stolz von dem großen Mann, der in Bad Bramstedt das Licht der Welt erblickte.

So geht's zur DRK-Geschäftsstelle:

Das Geburtshaus von Karl Gustav Wilckens steht direkt südlich neben dem Bramstedter Rathaus, am Bleeck 21.

Inge Hellwege weiß, dass die Horst-Wessel-Steine unter diesem Rasenstück liegen.

43

Rasenfläche

Vergraben und vergessen

Die kleine dreieckige Rasenfläche sieht harmlos aus. Sie liegt völlig unauffällig neben dem Fußweg im Kreuzungsbereich Alte Dorfstraße / Ochsenzoller Straße / Scharpenmoor / Schwarzer Weg. Vor Jahrzehnten hatte dieser Bereich des Norderstedter Ortsteils Garstedt eine ganz besondere Bedeutung für Menschen, die dem Wahn der Nationalsozialisten verfallen waren.

Denn genau hier waren bis zum Ende der Nazi-Zeit die Horst-Wessel-Steine platziert. An den jeweiligen Heldengedenktagen standen sie im Mittelpunkt des dörflichen Geschehens. Heute sind die Steine nicht mehr zu sehen. Aber tatsächlich gibt es sie noch – und zwar an genau der Stelle, wo sie einst gestanden haben.

Über die Zeit der nationalsozialistischen Herrschaft in Deutschland wird vielerorts der Mantel des Schweigens gedeckt. Wer im Norderstedter Stadtarchiv sucht, findet nur wenig brauchbares Material. Marlen von Xylander, wissenschaftliche Mitarbeiterin und Leiterin des Stadtmuseums, bedauert das: „Diese Jahre sind schlecht dokumentiert, vermutlich ist viel Material vernichtet worden.“ Aber es gibt in der Stadt immer noch Menschen, die über die damaligen Ereignisse berichten können.

„Diese Jahre sind schlecht dokumentiert, vermutlich ist viel Material vernichtet worden.“

Horst Wessel war der vordere Stein, verziert mit einem Hakenkreuz, gewidmet. Der zweite Stein trug die Inschrift: *Nimmer wird das Reich zerstört, wenn ihr einig seid und treu. 1813 - 1913.* Er war mit einem Balkenkreuz versehen. Insgesamt war das Ensemble als „Horst-Wessel-Steine“ bekannt. Auf einer Grußkarte aus Garstedt ist die offenbar mit einem Holzzaun umgebene und sehr gepflegt erscheinende Anlage zu sehen.

Horst Ludwig Wessel (1907-1930) war ein Sturmführer der SA, der paramilitärischen Kampforganisation der NSDAP. Nachdem Wessel von KPD-Mitgliedern am 23. Februar 1930 getötet worden war, stilisierte ihn die NS-Propaganda zu einem „Märtyrer der Bewegung“. Er war Verfasser des Horst-Wessel-Lieds, das kurz nach seinem Tod zur Parteihymne der NSDAP wurde und von 1933 bis 1945 im Anschluss an das Deutschlandlied den zweiten Teil der Nationalhymne bildete. Viele Plätze und Straßen in Deutschland wurden nach ihm benannt.

Auch die Garstedter Parteifunktionäre huldigten dem Kult um seine Person und ließen die Horst-Wessel-Steine aufstellen. An den „Heldengedenktagen“, die jeweils im Februar oder März stattfanden, trafen sich hier die Garstedter Nationalsozialisten und alle, die irgendwie dazugehören wollten. Die heutige Straße Schwarzer Weg hieß damals passend zur Gedenkstätte Horst-Wessel-Straße.

Einer, der damals die Aufmärsche und den Ablauf der Feierstun-

den organisierte, gehörte gar nicht der Partei an: Der in Garstedt sehr beliebte und bekannte Dorfschullehrer Richard Dall (1894-1976) war als politischer Leiter der nationalsozialistischen Kriegsgräberfürsorge dazu auserkoren worden. Seine Tochter Inge Hellwege erinnert sich noch genau, wie es damals war: „Er nahm seine Hakenkreuzbinde aus dem Schrank und hielt die von ihm erwartete Rede.“ Danach stimmte die Feuerwehrkapelle das Lied *Ich hatt' einen Kameraden* an. Anschließend legte Dall die Binde wieder in den Schrank zurück. Alle Versuche, ihn als Parteimitglied zu werben, scheiterten.
„Ich habe kein Geld, mir einen braunen Anzug zu kaufen, ich habe drei Kinder“, war seine Standardantwort, mit der er offensichtlich überzeugen konnte. Richard Dall war von 1920 bis 1960 Lehrer an der damaligen Garstedter Volksschule, der heutigen Grundschule Niendorfer Straße.

Als der Nazi-Terror vorbei war, verschwanden auch die Steine aus dem Garstedter Ortsbild. Wer sie verschwinden ließ und wann das war, kann heute niemand mehr ganz genau sagen. Aber es gibt noch Garstedter, die wissen, was mit den Horst-Wessel-Steinen geschehen ist: Sie wurden ganz einfach an Ort und Stelle vergraben. Inge Hellwege kennt den Platz, der damals von Bauernhäusern umgeben war. „Wer hier gräbt, würde die Steine sehr schnell finden“, sagt sie.

„Wer hier gräbt, würde die Steine sehr schnell finden.“

Die Ortspolitiker im einstigen Garstedt und heutigen Norderstedt hatten bisher kein Interesse, nach den Steinen zu suchen. Auch Jahrzehnte nach dem Ende des Terrorregimes liegen sie also dort, wo sie einst gestanden haben.

So geht's zur Rasenfläche:

Sie liegt direkt an der Ochsenzoller Straße im Kreuzungsbereich Schwarzer Weg / Alte Dorfstraße / Scharpenmoor / Ochsenzoller Straße.

Revierförster Matthias Sandrock hat es sich zur Aufgabe gemacht, das Waldgrab zu pflegen.

44

Waldgrab

Viele Legenden und die schlichte Wahrheit

Bestattungen im Wald werden immer beliebter: Bundesweit gibt es kommerzielle Anbieter, denen sich Hinterbliebene anvertrauen können. Aber so einfach ist es nicht: Die Vorschriften sind streng, vor allem aber dürfen natürlich keine Särge unter Bäumen eingegraben werden, außerdem sind die Flächen begrenzt, die Lagen genau vorgeschrieben. Im Kreis Segeberg ist es nicht anders als im übrigen Deutschland. Dennoch gibt es hier eine ganz besondere Ruhestätte: Mitten im Segeberger Staatsforst, dem zweitgrößten zusammenhängenden Waldgebiet Schleswig-Holsteins, ist ein richtiges Waldgrab zu entdecken.

Jahrzehntelang war es geheimnisumwittert, unzählige Legenden und Erzählungen kursierten um die Grabstätte, die zwischen Wahlstedt und Heidmühlen tief im Wald liegt, Spaziergängern aber gleichwohl zugänglich ist. Bis heute gibt es Gerüchte. Nur wenige Menschen

kennen die Wahrheit. Die Frage, was hier geschehen ist, ließ und lässt viele Bewohner aus der Umgebung nicht los. Noch immer stehen gelegentlich Spaziergänger in tiefer Andacht vor dem mit Holzlatten eingezäunten Grab mit dem Grabstein, der besagt, dass vor Jahrzehnten hier ein Kind beerdigt wurde: Hans-Joachim Schönfeld, am 20. Oktober 1925 geboren, am 16. Juni 1934 verstorben. *Gottes Wille kennt kein Warum*, steht auf dem Stein.
Die ganze Grabanlage ist erstaunlich gut gepflegt: Die Försterei Glashütte hat die Aufgabe übernommen, das Grab zu betreuen. Dieser Bereich des Forstes ist gemeindefrei und liegt nahe dem Heidmühlener Ortsteil Glashütte, gehört aber nicht dazu.
Ein inzwischen verstorbener Einwohner der Gemeinde Boostedt, Jahrgang 1925, hat sich Zeit seines Lebens mit dieser Grabstätte beschäftigt und viele Legenden, die sich darum ranken, aufgeschrieben. Heute liegt die Niederschrift des Boostedters bei seiner Witwe, die den Bericht als Andenken an vergangene Zeiten aufbewahrt und nur denjenigen zeigt, die sich wirklich für die Geschichten rund um das Grab interessieren. Sie könnten Stoff für einen Roman sein.

Wie entstanden also die Legenden? Revierförster Matthias Sandrock konnte der Geschichte nachgehen und ist dabei zu erstaunlichen Erkenntnissen gekommen. Sie werfen auch ein Licht auf die Welt jener Menschen, die hier seit Generationen zu Hause sind. In einer Gaststätte in Latendorf – der damals 18-jährige Chronist war dabei – wurden ausquartierte Hamburger, denen man ohnehin misstraute und die dazu auch noch Hochdeutsch sprachen, von der Landbevölkerung aufgeklärt: „Dat is so", fing einer der Einheimischen an und steckte sich die Pfeife wieder in den Mund, „denn hebbt sie dodschaaten bi de Drivjagd." Bei der Treibjagd erschossen also. Und weiter: „De is' gliks inbuddelt wordn. Aber 'n Steen het he kreegen nach altem Waidmannsbrauch!" Latendorfer Tobak, aber die Hamburger waren entsetzt. Noch 15 Jahre später traf der Boostedter Chronist Hamburger Ausflügler am Grab, die sich diese Geschichte erzählten.

„Andere Legenden wurden ebenso willkürlich in die Welt gesetzt", sagt Förster Sandrock. Bei seiner Spurensuche stieß der Boostedter Chronist auf einen Sägewerksbesitzer, der beim Einkauf von Holz einigen im Wald spielenden Kindern mit dem Hinweis auf das Grab zu verstehen gab, sie sollten aufpassen, wenn demnächst das Holz abgeholt werde. Da seien auch schon mal Kinder unter den Stamm gekommen. „Da hinten liegt er begraben, schaut euch das ruhig an.“ Dieser Satz machte offenbar die Runde, und noch Jahrzehnte später glaubten die inzwischen ins Rentenalter gekommenen Kinder von damals die Erzählung.

Mit einer anderen Geschichte sollten freche Kinder zur Vernunft gebracht werden. So wurde ihnen berichtet, ein Junge sei einfach im Wald ausgesetzt worden, wo er dann verhungert sei. Und weiter: Vergiftete Pilze, vom Blitz getroffen – es gibt offenbar viele Versionen über den Tod des Jungen, der mitten im Wald begraben ist.

Die Wahrheit ist schlicht: Der achtjährige Hans-Joachim verstarb an Tuberkulose. „Ob es vor 80 Jahren in Deutschland noch die Möglichkeit gab, sich im Wald bestatten zu lassen, ist heute unklar“, sagt Matthias Sandrock. Möglicherweise konnte die Familie Schönfeld die Angelegenheit auf dem „kleinen Dienstweg“ regeln: Der Vater des verstorbenen Jungen war Büroleiter des Forstamtes Segeberg. Der Chronist kommt zu dem Schluss: „Jeder muss sich seine eigenen Gedanken über das Leben und den Tod machen. Was dieses Grab vielen gibt, das kann mancher Friedhof nicht. Die wunderbare stille Schönheit des Waldes, die Freiheit des Denkens im Wald ...“

Revierförster Matthias Sandrock hat es sich zur Aufgabe gemacht, die Grabstätte zu erhalten. Er hat sogar ein kleines Hinweisschild am Wegesrand aufstellen lassen. „Es gibt Sachen, die bewahrt werden müssen“, sagt er, „dieses Grab gehört dazu.“

So geht's zum Waldgrab:

Das Grab liegt am Radesforder Weg, der von der Kreisstraße 102 zwischen Wahlstedt und Heidmühlen abzweigt. Vom Waldparkplatz aus ist es gut zu erreichen. Es geht von dort in Richtung Osten. Auf einer Hinweistafel ist der Weg eingezeichnet.

Alter Burgwall

Straßenschild

Die verschwundene Olzeburg

Alter Burgwall steht zwar auf dem Straßenschild, aber ein Burgwall oder gar eine Burg sind nirgends zu sehen. Wie also kommt es zu dem Namen? Volkmar Zelck, Archivar der Gemeinde Henstedt-Ulzburg, kennt die Antwort: „Hier stand einst die Olzeburg." Zwar wird auf die Existenz einer Burg im Ortsnamen Henstedt-Ulzburg deutlich hingewiesen, doch in Wahrheit handelte es sich eher um eine etwas mickrige Burg: Keine Festung mit Zinnenmauer, sondern ein mit Holz und Erde befestigter Ringwall – das ist der Ursprung des Dorfes Ulzburg, dessen Name im Laufe der Jahrhunderte häufig leicht variiert wurde. Das war die zeittypische Bauweise der frühen Burgen hier im Norden. Auch die nur wenige Jahrzehnte ältere Hammaburg, der Hamburg ihren Namen verdankt, war solch ein schlichtes Bauwerk. Eine Burg, die es nicht gibt und eigentlich nie wirklich gegeben hat, ist also bis heute ein wichtiges Gebäude in Henstedt-Ulzburg.
1339 lebten die Menschen in Olzeborch, erst 1793 tauchte in einer Urkunde erstmals der Name Ulzburg auf. An die frühe Bezeichnung erinnert heute die Olzeborch-Schule an der Beckersbergstraße.

Volkmar Zelck steht an der belebten Hamburger Straße, etwa 150 Meter südlich der Jet-Tankstelle, und zeigt auf ein schönes Reetdachgebäude nördlich der Pinnau. Das ist zwar alt, aber natürlich nicht so alt wie die Burg, die ungefähr hinter dieser Stelle stand. Auch damals war die Straße belebt: Die alte Heer-und Handelsstraße, die von Jütland über Hamburg weiter ins fränkische Reichsgebiet führte, war eine wichtige Nord-Süd-Verbindung. In der Neuzeit wurden jährlich Tausende von Ochsen vorangetrieben, um die Menschen in Hamburg und weiter Richtung Süden mit Fleisch zu versorgen. Der Archivar würde an dieser Stelle gerne etwas vorweisen können – ein paar Überreste der alten Burg zum Beispiel. Aber es ist nichts zu sehen: Hier ist alles

Volkmar Zelck steht an dem Straßenschild, das an die alte Burg erinnert, der Henstedt-Ulzburg seinen Namen verdankt.

bebaut. Hinter den Gebäuden liegt zwar ein kleiner Erdwall, aber der ist eindeutig nicht der Ulzburger Frühgeschichte zuzuordnen, wie man heute weiß.
Es gehört zu den Geheimnissen der Ortsgeschichte, dass diese Burg im Laufe der Jahrhunderte sang- und klanglos vom Erdboden verschwunden ist. Vor 250 Jahren waren noch Reste der Wallanlage vorhanden, wurden jedoch bald darauf endgültig abgetragen. Volkmar Zelck ärgert sich: „In anderen Orten wäre man stolz, geschichtliche Erinnerungen vorzeigen zu können, hier wurden die Zeugnisse der Vergangenheit beseitigt."

Zu ändern ist das natürlich nicht mehr, es gibt jedoch eine Reihe von Menschen, die sich mit der Aufarbeitung der Ortsgeschichte beschäftigt haben und sich speziell auch um die Geschichte der Ringwallburgen bemühen, von denen es entlang der Heer- und Handelsstraße einige gab. Volkmar Zelck ist einer von ihnen.
Der Burgenforscher Karl-Wilhelm Struve zum Beispiel hat herausgefunden, dass die Ulzburg eine sächsische Ringwallburg aus dem achten bis zwölften Jahrhundert war. Mit den Burgen dieses Typs wurden in regelmäßigen Abständen westlich des Grenzlandes zum slawischen Siedlungsgebiet strategisch wichtige Verkehrs- und Geländepunkte gesichert.
Für den Burgenforscher war damit klar, dass die Olzeburg eine ausschließlich militärische Funktion hatte oder aber vorübergehend in Krisensituationen genutzt wurde. Das bedeutet: Vom Ulzburger Ringwall aus wurde der morastige Engpass des alten Heerweges gesichert. Volkmar Zelck hat das in seiner *Ortsgeschichte Henstedt-Ulzburg* aus dem Jahr 1996 genau beschrieben. Die sächsischen Schutzburganlagen, die unterschiedliche Durchmesser hatten, lagen an Flussübergängen. Auf einen Erdaushub wurde der Wall aus Klei- und Sodenplaggen geschichtet, auf der Wallkrone ein Palisadenwerk errichtet.
Alle Holzbauten wie Palisaden, Häuser und Einfahrtstore in dem Ringwall sind längst vergangen, nur die Wälle stehen oft noch – nur eben in Ulzburg und in Hamburg nicht.

Aber immerhin zeigen historische Karten aus dem Ende des 18. Jahrhunderts und dem ersten Viertel des 19. Jahrhunderts eindeutig den Ringwall von 60 bis 65 Metern Durchmesser. Da dieser Bautyp

spätestens im 12. Jahrhundert in Holstein aufgegeben wurde, ging der 1988 verstorbene Burgenforscher Karl-Wilhelm Struve von einem frühgeschichtlichen Alter der Olzeburg aus.
Struve hätte gerne Einzelheiten zutage gefördert, doch die Henstedt-Ulzburger müssen heute auf weitere interessante Erkenntnisse ihrer Vorgeschichte verzichten, weil der Burgenforscher vom Besitzer des Grundstücks keine Grabungsgenehmigung erhielt. So musste er sich 1962 mit seinem Team auf einige Probelöcher auf dem damals noch unbebauten Gelände beschränken. Offenbar hatte der damalige Eigentümer Angst, dass sein Grundstück für längere Zeit oder sogar auf ewig blockiert gewesen wäre, wenn dort tatsächlich Reste der Burg gefunden worden wären.
Da Struves gezwungenermaßen kleinflächige Untersuchungen auf den Innenraum des ehemaligen Ringwalls begrenzt waren, konnte er über Wallaufbau und Art der Innenbebauung keine Aussagen treffen. Gefunden wurden bei den Probebohrungen aber einige Keramikscherben, die zum Teil aus dem neunten Jahrhundert stammen. Sie sind in den Landesmuseen Schleswig-Holstein Schloss Gottorf zu sehen.

Der Burgenforscher Thorsten Lemm, der vor wenigen Jahren diese frühen holsteinischen Burgen in einer umfassenden Studie erneut untersucht hat, geht davon aus, dass die meisten der Ringwälle im mittleren Holstein im Zuge der fränkischen Landnahme nach 800 sogar nur wenige Jahrzehnte genutzt wurden. Nach 900 stand der Ulzburger Ringwall womöglich schon wieder leer. Stattdessen entstand in späteren Zeiten auf der Ostseite der Heerstraße dann ein königlicher Krug mit einem größeren Bauernhof. Dieser – später verbunden mit einer Zollstätte – bildete dann wohl den eigentlichen Beginn einer Ansiedlung, die sich zum Dorf Ulzburg entwickelte.

So geht's zum Straßenschild:

Das Straßenschild „Alter Burgwall" steht an der Hamburger Straße / Einmündung Alter Burgwall in Henstedt-Ulzburg.

666

46

Steinhäuschen

Ohne Roland, ohne Tor

Was da am Eingang des Bürgerparks steht, sieht fast wie ein Buswartehäuschen am Wegesrand aus. Es könnte aber auch vor einem Palast stehen und als Unterstand für Wachsoldaten gedient haben. Aus massiven Feldsteinen errichtet, scheint es dennoch irgendwie nutzlos zu sein. Die Passanten, die hier täglich vorbeilaufen, ahnen vermutlich nicht, was es damit auf sich hat. Die Geschichte des kleinen Bauwerks reicht etwa 80 Jahre zurück: Es ist ein Überbleibsel einer unwürdigen Zeit.

Das Beckersberggelände, der heutige Bürgerpark also, war einst eine nationalsozialistische Musteranlage. Mit einer Arbeitsbeschaffungsmaßnahme wurden etwa 70 arbeitslose Ulzburger – damals gab es die Großgemeinde Henstedt-Ulzburg noch nicht – eingesetzt, um nach den Plänen von Heinrich Petersen, von 1933 bis 1945 Bürgermeister in Ulzburg, einen Aufmarschplatz für feierliche Veranstaltungen und Sportanlagen für die „Wehrertüchtigung" zu schaffen. Das Gelände hatte Witwe Emilie Krumpeter der hoch verschuldeten Gemeinde kostenlos zur Verfügung gestellt. Dorfchronist H. Mehrens, Hauptlehrer im Ruhestand, beschreibt das Nazi-Ensemble 1942 in einer Chronik mit blumigen Worten: „Denn nicht ohne Absicht hat der Schöpfer all dieser Anlagen, unser jetziger Bürgermeister Heinrich Petersen, das Erinnerungsmal an die nationalsozialistische Erhebung auf der Kuppe des höchsten Hügels errichten lassen. Dieses Denkmal ist eine gewaltige vierseitige Pyramide, aus Findlingen unserer Feldmark errichtet und gekrönt von den Hoheitszeichen des Reiches, überragt alle andern Anlagen und kann darum von keinem übersehen werden." Die „Schaffung, Stärkung und Erhaltung der Volksgemeinschaft" sei Sinn, Idee und Zweck des Beckersbergs.

Jeweils am 1. Mai, dem Tag der nationalen Arbeit, und am Erntedankfest im Herbst gab es „allerlei vielgestaltige Volksspiele". Dazu gehörte auch das Rolandreiten, ein dem Ringreiten ähnlicher Pferde-

Ursula Rath weiß, wer das Holzgitter des Rolandhäuschens heimlich entfernt hat.

sport, bei dem eine menschenähnliche Holzfigur, norddeutsch „Roland", getroffen werden muss. Die Figur beginnt sich bei einem Treffer zu drehen, eine zusätzliche Herausforderung besteht darin, nicht vom Aschesack am anderen „Arm" der Figur getroffen zu werden. Früher war das Rolandreiten in weiten Teilen Norddeutschlands verbreitet, heute wird es aber fast nur noch im Kreis Dithmarschen betrieben.

Und jetzt kommt das Häuschen am heutigen Eingang zum Bürgerpark ins Spiel. Wenn die hölzerne Rolandfigur nicht benötigt wurde – bis auf die zwei Feiertage also offenbar das ganze Jahr über –, verschwand sie in diesem steinernen Häuschen. Aufgehängt oder abgestellt überdauerte sie so einigermaßen geschützt die Jahreszeiten. Bei Bedarf wurde der Roland herausgeholt und auf den Festplatz gestellt. Chronist Mehrens beschrieb das Reitturnier so: „Besonders beliebt ist das Rolandreiten, das immer eine Menge von Zuschauern fesselt und bei dem oft der Volkshumor seine schönsten Blüten treibt und unbändiges allgemeines schadenfrohes Gelächter erschallt, wenn ein ungeschickter Reiter in den Sand purzelt [...]".

Das ehemalige Rolandhäuschen steht als eine Erinnerung an die Vergangenheit am Eingang des Bürgerparks.

So schön die Ulzburger diesen Freizeitsport der Reiter auch fanden, die Rolandfigur galt offenbar nicht unbedingt als nationalsozialistisches Heiligtum. Als es in Deutschland unerträglicher wurde und es der Bevölkerung an allem mangelte, erinnerte sich ein Ulzburger Dorfbewohner in seiner Not an den hölzernen Roland, der es in seinem Steinhäuschen recht komfortabel hatte. Irgendwann in einer kalten Winternacht kurz nach dem Krieg machte er sich auf zum Beckersberg, holte den Roland aus seiner Unterkunft und – so ist es überliefert – verfeuerte ihn. Kein schlechter Gedanke: Zum Rolandreiten fehlte den Deutschen in jener Zeit verständlicherweise der Humor. Vermisst hat ihn vermutlich niemand, denn der Roland war nutzlos geworden. Der Übeltäter wurde nie erwischt.

Aber es gibt eine Henstedt-Ulzburgerin, die weiß, wo die hölzerne Pforte, die den Roland vor Dieben schützen sollte, geblieben ist. Ursula Rath (Jahrgang 1943) kann sich erinnern, was ihre Eltern später etwas verschämt erzählten. „Es muss eine sehr kalte Winternacht nach Kriegsende gewesen sein, als meine Eltern mit Freunden nach einer Feier an diesem Häuschen vorbeikamen und spontan den Entschluss fassten, die Pforte herauszubrechen und mitzunehmen, um sie zu Hause im Ofen zu verfeuern." Natürlich baten ihre Eltern, mit niemandem darüber zu sprechen. Ursula Rath hielt sich an die Vorgabe und behielt das Geheimnis für sich. Erst vier Jahrzehnte nach dem Ereignis gab sie es preis. Wo der Roland geblieben ist, weiß allerdings auch sie nicht.

Der Roland war auf ewig verschwunden, das Häuschen aber blieb stehen und ist bis heute unverändert. Alles andere, was an die Nazi-Zeit erinnert, ist am Beckersberg abgebaut worden. Das Häuschen steht einfach so in der Gegend, aber es stört nicht. Es ist ein Art Wächterhäuschen ohne Wächter am Eingang des Bürgerparks, und das wird wohl auch in den kommenden Jahren so bleiben.

So geht's zum Steinhäuschen:

Es steht an der Olivastraße direkt am Eingang des Henstedt-Ulzburger Bürgerparks.

Heidrun Schmidt ist als Flüchtlingskind neben den Betonblöcken aufgewachsen.

47

Betonklötze

Monumente einer dunklen Vergangenheit

Die 17 düsteren Betonklötze, die am Südrand des Norderstedter Stadtparksees direkt neben einem Fußweg stehen, sehen wenig einladend aus. Viele Besucher haben sich seit der Eröffnung des Stadtparks anlässlich der Landesgartenschau im Jahre 2011 vermutlich gefragt, was es mit diesen gut zwei Meter hohen Blöcken auf sich hat. Es gibt viele Erklärungsversuche, Historiker aus ganz Deutschland haben sich damit beschäftigt, aber bis heute ist es nicht eindeutig geklärt. Fest scheint indessen zu stehen: Es handelt sich um Überbleibsel aus der Zeit des Nationalsozialismus.

Die Norderstedterin Heidrun Schmidt, Jahrgang 1940, hat ganz besondere Erinnerungen an die Betonblöcke. Sie wuchs als Flüchtlingskind in einem Behelfsheim auf, das vorher ein SS-Schießstand gewesen war. Neben den provisorischen Wohnhäusern – insgesamt waren es vier, in denen damals sechs Familien lebten –, standen die Betonblöcke. Die Fläche des heutigen Stadtparksees war nach Luftangriffen von Bombentrichtern übersät. Erst später begann das Hartsteinwerk Potenberg mit Kiesabbau, sodass allmählich der heutige Stadtparksee entstand.

Für Heidrun Schmidt und die anderen Kinder aus der Flüchtlingssiedlung waren die Betonblöcke und das dahinter liegende Gelände ideal zum Spielen. „Wir sind die sandigen Abhänge heruntergerutscht", erinnert sie sich. Nach ihrer Heirat im Jahre 1962 zog sie aus, ihre Mutter lebte noch bis 1966 in einem der ehemaligen Schießstände, die dann einem Industriegebiet weichen mussten. Die düsteren Blöcke aber blieben dort, wo sie heute noch stehen. Warum? Diese Frage kann niemand mehr beantworten. „Vielleicht waren sie zu schwer für den Abtransport", mutmaßt Heidrun Schmidt, die jetzt mit ihrem Mann ganz in der Nähe des Stadtparks wohnt. Wahrscheinlicher ist, dass sie niemanden störten: Sie standen praktisch genau auf der Grenze zum späteren Kiesabbaugebiet und dem wachsenden Industriegebiet Stonsdorf.

Welche Bedeutung aber hatten diese Steine? Wer sie genauer betrachtet, entdeckt in ihnen Löcher unterschiedlicher Größe. Sie lassen darauf schließen, dass es sich um Einschusslöcher handelt. Außerdem gibt es auch rechteckige Einlassungen unbekannter Herkunft.

Erst nach anfänglichem Widerstand hatte der Harksheider Wilhelm Gehrkens die Fläche mit der Bezeichnung „Heide, wildes Moor" verkauft. Dieses Gelände – der heutige Norderstedter Stadtpark – war von 1936 bis 1945 Teil eines Übungsplatzes für die SS-Soldaten der Heidbergkaserne an der Tangstedter Landstraße. Gleichzeitig entstand für die SS-Männer auch der Schießstand mit Munitionsbunker auf den Flächen neben dem jetzigen Stadtpark. Regelmäßig marschierte die SS von der Kaserne zum Schießen in Richtung Falkenberg. Nach den Erkenntnissen der Stadtpark Norderstedt GmbH umfasste der Standortübungsplatz auf dem Falkenberggelände in Harksheide, einem heutigen Stadtteil Norderstedts, 150 Hektar.

Heute befindet sich dort, wo die SS-Kaserne stand, das Heidberg-Krankenhaus. Da die Gemeinde Harksheide durch den ehemaligen Truppenübungsplatz zweigeteilt war, entstanden in den 1950er-Jahren auf diesem Gebiet ein neuer Stadtteil und das Gewerbegebiet Stonsdorf. Noch heute erinnern die Straßennamen „Am Exerzierplatz“ und „Schützenwall“ an die Geschichte des Geländes.

Die Rätsel um die geheimnisvollen Betonwürfel am Stadtparksee sind aber noch immer nicht hinreichend geklärt: Zeitzeugen glauben sich zu erinnern, dass die Würfel zum Zielschießen genutzt wurden. Und dafür könnten auch die Löcher darin sprechen. Historiker und Experten der Bundeswehr halten es aber für unwahrscheinlich, dass die Blöcke einst Zielscheiben oder Kugelfang gewesen sein könnten. Historikerin Andrea Riedle, Leiterin der wissenschaftlichen Abteilung der KZ-Gedenkstätte Dachau, die den Gedenkort am ehemaligen SS-Schießplatz Hebertshausen im bayrischen Landkreis Dachau betreut, vermutet, die Blöcke könnten repräsentativen Zwecken gedient und eine Straße gesäumt haben. Die Löcher könnten durch spätere Kampfhandlungen entstanden sein. Sebastian Banger, Sprecher des Militärhistorischen Museums in Dresden, kann sich vorstellen, dass die Betonblöcke eine langgezogene Kultstätte der SS bildeten. Jeder einzelne Block könnte für eines der Völker gestanden haben, die in der NS-Ideologie als germanisch galten. Die eckigen Einlassungen könnten Hinweise auf frühere Tafeln mit den Namen der jeweiligen Völker sein.

Tatsache ist: Die Herkunft der düsteren Betonblöcke ist bis heute ungeklärt. Da nicht geplant ist, diese Monumente einer vergangenen Zeit zu beseitigen, werden vermutlich auch in den nächsten Jahrzehnten viele Spaziergänger rätseln, was es mit ihnen auf sich hat.

So geht's zu den Betonklötzen:

Wer den Haupteingang des Norderstedter Stadtparks passiert, geht auf dem Rundweg rechts neben der Wasserskianlage. Die Betonklötze stehen etwa 300 Meter entfernt auf dem rechten Parallelweg.

1936 wurde die Holztribüne für die bevorstehende 800-Jahr-Feier Bad Segebergs gebaut.

48

Tribüne

Erwin Seeler und eine Wagenladung Brot

Der Rasenplatz an der Eutiner Straße in Bad Segeberg erscheint auf den ersten Blick unspektakulär. Ein hölzernes Tribünengebäude an der Südseite zeugt davon, dass hier gelegentlich größere Veranstaltungen stattfinden, die von dort aus beobachtet werden können. Die „Rennkoppel", so heißt dieser Platz im Volksmund, ist Austragungsort für Landesreitturniere und war sogar in der engeren Auswahl für die Austragung der olympischen Wettbewerbe im Dressurreiten im Jahre 2024. Weil die Hamburger Bevölkerung die Spiele nicht wollte, hat sich dieses Thema erledigt. Was heute kaum jemand weiß: Auf dem Gelände hat sich ein Stück deutscher Geschichte abgespielt.

Heimatforscher und Stadthistoriker Hans-Werner Baurycza weiß, was hier alles los war. Er verfügt über ein umfangreiches Archiv mit zahllosen Dokumenten, Artikeln, Plakaten, Fotos und kann spannende Geschichten über den Landesturnierplatz erzählen. „Kaum ein Platz im Kreis Segeberg hat eine so wechselvolle Vergangenheit wie dieser Landesturnierplatz an der Eutiner Straße", sagt Baurycza.

Bis 1902 war das Gelände eine landwirtschaftlich genutzte Fläche im Besitz eines Klein Niendorfer Bauern, der die elf Hektar damals für 30.000 Mark an die Stadt Segeberg verkaufte. 1905 wurde der Segeberger Rennverein gegründet, der die Flächen von der Stadt pachtete und am 24. September jenes Jahres das erste Pferderennen veranstaltete. Über 6.000 Besucher kamen zu der Veranstaltung, der viele weitere folgten. Galopp- und Trabrennen sowie Pferdesportturniere wurden dort ausgetragen.

Hans-Werner Baurycza steht auf der Vortribüne. Von hier aus hat Joseph Goebbels einst seine Rede gehalten.

Auch sonst eignete sich die Rennkoppel für Großveranstaltungen. Am 2. Juli 1912 zum Beispiel landeten dort vier Flugzeuge am Tag einer Nordmark-Flugveranstaltung. Ab 1908 wurde auch Fußball gespielt: Der Fußballclub Holstein Segeberg hatte hier Heimrecht.

Das ging so bis 1933. Da begannen sich die Nationalsozialisten für den Platz zu interessieren. Der war nämlich wegen seiner Größe bestens als Übungs- und Veranstaltungsort nationalsozialistischer Verbände wie HJ, BDM, SA und SS geeignet, die Sportwettkämpfe und Zeltlager durchführten. Auch die Mächtigen des Reiches wurden auf den Platz aufmerksam. Im Oktober 1937 reiste Reichspropagandaminister Joseph Goebbels an. Nach der Einweihung der Nordmark-Feierstätte am Kalkberg (siehe Geheimnis 16) nahm er im Kurhotel zunächst ein Mittagessen – Eintopf – zu sich und begab sich dann zur Rennkoppel, wo er die SA-Reiterspiele beobachtete und natürlich auch eine Rede hielt.

Hans-Werner Baurycza kann genau sagen, wo Goebbels gestanden hat, als er zu den Besuchern und Sportlern sprach. „Von dieser kleinen Vortribüne aus konnte er alles überblicken", sagt der Stadthistoriker, „es gibt Fotos von dieser

Veranstaltung." Die Holztribüne war 1936 für die bevorstehende 800-Jahr-Feier Segebergs im Juli 1937 und die SA-Reiterspiele im Oktober errichtet worden. Bis 1944 war der Platz Austragungsort für Sportwettkämpfe und Zeltlager der Hitlerjugend und des Bundes Deutscher Mädel.

1945 kam ein neues Kapitel hinzu. Wo sich einst die Nazis trafen, stellten die englischen Besatzungstruppen jetzt beschlagnahmte Fahrzeuge ab. Mit dem Sport ging es erst 1947 wieder so richtig los. Und dann gleich ziemlich spektakulär: Der HSV reiste mit Fußballgrößen wie Erwin Seeler, Frido Dörfel und Jupp Posipal an, um gegen den TuS Segeberg vor über 3.000 begeisterten Zuschauern ein Freundschaftsspiel auszutragen. 5 : 3 siegten die Hamburger, nachdem die Gastgeber zur Halbzeit noch 3 : 0 vorne gelegen hatten. Warum kam der HSV nach Bad Segeberg? Nun, die Zeiten waren schlecht, die Fußballer waren noch längst keine Profis und mussten selbst sehen, dass sie für sich und ihre Familien genug zu essen hatten. „Die sind für zehn Zentner Kartoffeln und eine Wagenladung Brot hier angetreten", weiß Hans-Werner Baurycza. „Außerdem gab's für jeden Spieler noch ein deftiges Mittagessen."

„Die sind für zehn Zentner Kartoffeln und eine Wagenladung Brot hier angetreten. Außerdem gab's für jeden Spieler noch ein deftiges Mittagessen."

Die Geschichte des Landesturnierplatzes, der Rennkoppel, ist also wechselvoll. Bis heute ist der Platz ein wichtiger Ort für alle möglichen Veranstaltungen. Und all das kann man von der Tribüne aus ungestört beobachten – auch wenn es regnet.

So geht's zur Tribüne:

Sie liegt an der Eutiner Straße in Bad Segeberg.

Apfelbaum

Ein Talent fiel vom Baum

In der Kunstgeschichte gilt er als einer der wichtigsten Vertreter des deutschen Expressionismus: Christian Rohlfs (1849-1938) zählt mit Emil Nolde (1867-1956) und Ernst Barlach (1870-1938) zu den bedeutenden Künstlern der klassischen Moderne, die aus Schleswig-Holstein stammen – und der Kreis Segeberg ist seine Heimat. Heute werden seine Werke hoch gehandelt: Bis zu 200.000 Euro müssen Kunstinteressenten für eines seiner Gemälde zahlen. Doch wäre der junge Christian nicht eines Tages unsanft von einem Apfelbaum neben seinem Elternhaus in Fredesdorf gestürzt, wären seine künstlerischen Fähigkeiten vielleicht nie entdeckt worden und die deutsche Kunstgeschichte wäre um einen interessanten und wichtigen Maler ärmer.

Die Geschichte klingt unglaublich, ist aber wahr. Udo Rohlfs zeigt auf einen Apfelbaum, der in Fredesdorf am Rande jener Straße steht, die den Namen des Kunstmalers trägt. „Von diesem Baum ist er damals gestürzt", sagt der Großneffe von Christian Rohlfs. Das Unglück geschah im Jahre 1864, Christian war damals 14 Jahre alt. Ob es wirklich noch der Baum von damals ist? So genau kann das niemand sagen. Auch Udo Rohlfs nicht: „Ich glaube schon; jedenfalls ist das Unglück an dieser Stelle passiert." Der Apfelbaum steht nur wenige Meter neben dem Haus, in das Christian Rohlfs 1851, zwei Jahre nach seiner Geburt in Groß Niendorf, mit seiner Familie eingezogen ist. Das alte Bauernhaus, das heute von Udo Rohlfs und seiner Familie bewohnt wird, hat einst als Versteck für viele der von Christian Rohlfs geschaffenen Werke gedient – denn seine Bilder galten während der Nazizeit als „entartet".

Irgendwann im Laufe des Jahres 1864 klettert Christian Rohlfs auf den Apfelbaum, fällt herunter und prallt dabei so unglücklich auf den Boden, dass er sich eine schwere Beinverletzung zuzieht. Zwei Jahre

Udo Rohlfs und seine Schwester Ute Christiansen mit dem Rohlfs-Gemälde „Der blaue Berg" vor dem Apfelbaum in Fredesdorf, von dem Christian Rohlfs 1864 fiel.

lang muss er das Bett hüten, die meiste Zeit davon im Segeberger Krankenhaus. Um den Jungen zu beschäftigen, gibt ihm Dr. Ernst Stolle, der behandelnde Arzt und Hausarzt, Zeichenmaterial und erkennt sehr schnell das Talent seines jungen Patienten. Der Arzt, ein Schwager des Juristen und Schriftstellers Theodor Storm (1817-1888), beginnt Christian Rohlfs zu fördern und bringt dabei dessen künstlerische Laufbahn ins Rollen. Stolle überredet die Eltern, den Jungen nach Bad Segeberg auf eine weiterführende Schule zu schicken und ihn Kunstmaler werden zu lassen. Er macht ihn in Berlin mit dem Maler und Kunstschriftsteller Ludwig Pietsch (1824-1911) bekannt, der ihn an die Großherzogliche Kunstschule in Weimar empfiehlt.
Christian Rohlfs beginnt ein Kunststudium, das er allerdings 1871 unterbrechen muss: Als Spätfolge seines Sturzes aus dem Baum entwickelt sich eine chronische Knochenmarkentzündung. Ein Bein wird amputiert. 1874 nimmt Rohlfs sein Studium wieder auf.

Eigentlich hätte sein berufliches Leben ganz anders verlaufen sollen. „Nach dem Jüngstenrecht hätte Christian der Hof zugestanden", sagt Großnichte Ute Christiansen, die ein Haus weiter wohnt. Sie und ihr Bruder Udo sind heute die Hüter der Familiengeschichte. „Aber dazu ist es natürlich nicht gekommen." Der ältere Bruder Hinnerk übernimmt den Bauernhof.
Christian aber malt: Die Ölbilder, Zeichnungen und Pastelle, die ab 1880 entstehen, gehören nach Ansicht vieler Experten, zu denen auch der Kaltenkirchener Kunstlehrer und Rohlfs-Kenner Claus Bärwald zählt, zu den bedeutendsten und modernsten deutschen Kunstäußerungen jener Zeit. 30 Jahre verbringt Christian Rohlfs in Weimar, bevor er 1901 ins westfälische Hagen übersiedelt, wo er am neu gegründeten Museum Folkwang die neuesten Strömungen der zeitgenössischen Kunst kennenlernt. Über die naturalistische Malerei und den Impressionismus kommt Rohlfs zum Expressionismus. Er wird Ehrenbürger von Hagen, die Universität Kiel und die Technische Hochschule Aachen verleihen ihm Ehrendoktortitel, die Kunstakademie Düsseldorf macht ihn zum Ehrenmitglied. Der Louvre kauft eines seiner Werke an, das Detroit Institute of Arts zeigt eine Rohlfs-Ausstellung. Der Mann aus Groß Niendorf und Fredesdorf im Kreis Segeberg ist ein gefragter Künstler, aber die Nazis mögen seine Kunst nicht. 1937

wird ein Ausstellungsverbot gegen Christian Rohlfs verhängt, der seit 1927 mehrere Monate im Jahr aus gesundheitlichen Gründen am Lago Maggiore lebt. Auf Betreiben der Nationalsozialisten wird er am 7. Januar 1938, einen Tag vor seinem Tod, aus der Preußischen Akademie der Künste ausgeschlossen.

Es ist seiner 41 Jahre jüngeren Frau Helene zu verdanken, dass die Werke Christian Rohlfs die Zeit überstanden haben und heute noch in sehr vielen Ausstellungen zu sehen sind. Sie überlebt ihren Mann mehr als 50 Jahre, rettet wichtige Werke vor dem Zugriff der Nazis und setzt sich nach 1945 sehr erfolgreich für die Wiederentdeckung der Kunst ihres Mannes ein. „Tante Lene", wie sie in Fredesdorf genannt wird, versteckt die Bilder in den Zwischenböden des Bauernhauses und der Scheune. „Inzwischen ist das Haus umgebaut worden, die Scheune ist nicht mehr vorhanden", sagt Udo Rohlfs, der noch eine Original-Zeichnung seines Großonkels besitzt. „Das ist wahrscheinlich nur der Entwurf eines späteren Bildes", vermutet er.
Christian Rohlfs verbringt in seinem Elternhaus übrigens um 1900 noch einmal einige Zeit und malt dort in ländlicher Umgebung das atmosphärisch stimmungsvolle Bild „Holsteinischer Bauernhof" mit vielen ländlichen Details. Als er 1922 wieder den elterlichen Hof besucht, ist er auch mehrere Wochen zu Gast im Lehrerhaus Schwissel bei seinem Neffen Ernst Rohlfs, dem zweitjüngsten Sohn von Bruder Hinnerk. Auch dort entstehen einige Werke.

In Fredesdorf gibt es neben der Christian-Rohlfs-Straße noch einen Gedenkstein für ihn am Dorfteich. In Groß Niendorf erinnert ebenfalls ein Gedenkstein und eine Gedenktafel an den großen Sohn des Ortes. Das Geburtshaus wurde in den 1970er-Jahren wegen Baufälligkeit abgerissen.

So geht's zum Apfelbaum:

Von Leezen aus führt die Heiderfelder Straße nach Fredesdorf, wo sich das ehemalige Wohnhaus in der Christian-Rohlfs-Straße 5 befindet. Der Apfelbaum steht rechts neben dem Haus.

50

Brunnen

Wasserkunst am Wöddelteich

„Diese Anlage kenne ich seit meiner Kindheit, als kleiner Junge habe ich hier gespielt", sagt Johann Schümann, Landwirt im Ruhestand. Er steht am Teich neben einer Brunnenskulptur, die aus einem Feldstein geschaffen wurde. Die Skulptur ist neu, sie wurde erst 2013 aufgestellt und rundherum mit Sitzbänken versehen.

Alles andere sieht noch so aus wie seit Jahrhunderten: Der Wöddelteich ist der historische Ortsmittelpunkt des Henstedt-Ulzburger Ortsteils Henstedt. Die Vorfahren Johann Schümanns und seine Verwandtschaft hatten direkt nebenan einen Bauernhof, der über Generationen im Familienbesitz geführt wurde. Er weiß, was hinter der seltsamen Bezeichnung „Wöddel" steckt und warum die Zahl Sieben so wichtig ist, dass sie bei der Schaffung der Brunnenanlage sichtlich eine bedeutende Rolle spielte.

Der Wöddel ist für die Gemeinde Henstedt-Ulzburg seit gut 1.200 Jahren Mittelpunkt des öffentlichen Lebens, und mit dem Aufstellen der Brunnenanlage wurde das Gelände sozusagen geadelt: Jetzt können die Menschen hier verweilen und den Ausblick auf den Teich genießen. Nur wenige Schritte entfernt hat sich ein kleines Café etabliert. Ein Ausflug in diesen Teil des größten schleswig-holsteinischen und fünftgrößten deutschen Dorfes lohnt sich also: Henstedt-Ulzburg hat zwar rund 30.000 Einwohner, aber keine Stadtrechte.

Bis heute wird der Wöddel durch eine Quelle gespeist, die vor etwa 1.200 Jahren zum Teich aufgestaut wurde. Er war stets Zentrum des Dorfes Henstedt: Bis etwa 1800 standen nur um den Teich Häuser, er war viele Jahrhunderte lang Tränke für das Vieh, Waschplatz für landwirtschaftliche Fuhrwerke und Gerätschaften, Löschwasser-Speicher für die Feuerwehr bei Brandeinsätzen, Kühleislieferant für Schlachterei und Gaststätten, Abkühlbecken für die benachbarte Schmiede bei der Bereifung von Wagen, Fischteich und Treffpunkt für die Dorfbe-

Johann Schümann an der Brunnenskulptur, die aus einem 18-Tonnen-Findling herausgearbeitet wurde. Die sieben geschwungenen Rinnen haben einen symbolischen Charakter.

völkerung. Hier wurden Dorffeste gefeiert und Versammlungen abgehalten.

Johann Schümann weiß noch, wie wichtig und interessant der Wöddelteich auch für die Kinder war: „Wir haben hier Stichlinge und Kaulquappen gefangen, haben unsere kleinen Holzschiffe schwimmen lassen, sind mit Wannen und selbstgebauten Flößen auf dem Wasser unterwegs gewesen. Selbstverständlich wurde im Winter Schlittschuh gelaufen."

Weil sich die Häuser um den Teich gruppierten, gingen die Kinder hier natürlich auch in die Schule. Vom 17. bis weit hinein ins 20. Jahrhundert wurde das Schulhaus genutzt. Später war im Schulgebäude das Deutsche Rote Kreuz untergebracht, seit Ende der 1980er-Jahre ist es Heimat eines Kindergartens.

Der Teich selbst ist inzwischen als technisches Bauwerk zu betrachten: Seit Anfang der 1970er-Jahre ist er ein Regenrückhaltebecken. Weil das so ist, wurde das Gewässer auch eingezäunt. Schlittschuhlaufen ist also nicht mehr möglich. Durch den Eintrag von Sand, Reifenabrieb und vielen anderen Feststoffen hat sich der Charakter des Teichwassers verändert. An der Nordseite befindet sich ein rundes Feldsteinbecken, das die eigentliche und ursprüngliche Wöddelquelle einfasst. Durch einen Steinbogen fließt das Quellwasser in den Wöddel und speist somit die daraus nach Süden abfließende Wöddelbek, die einige Kilometer weiter in die Alster mündet. Die kleine Insel mitten im Teich wurde 1939 aufgeschüttet. Sie ist heute Brutplatz für Wasservögel.

Der Wöddelteich liegt malerisch mitten im Ortsteil Henstedt. Auf der kleinen Insel nisten Wasservögel.

Woher stammt der recht seltsam anmutende Name für diesen Teich? Gemeindearchivar Volkmar Zelck hat in alten Urkunden und Karten geforscht, um eine Erklärung zu finden. Er hat festgestellt, dass auf den ältesten detaillierten Karten von Henstedt – 1775 im Zuge der Verkoppelung erstellt – der zentrale Dorfteich mit dem niederdeutschen Wort „Wörtel" bezeichnet wird, das Wurzel bedeutet. Daraus folgert Zelck, dass die Namensgebung auf die konkreten Gegebenheiten vor Ort zurückzuführen ist. „Das feuchte und leicht morastige Gebiet in der Umgebung der Quelle war ursprünglich wohl mit Weidengebüsch und anderen Gehölzen durchzogen", glaubt der Gemeindearchivar. „Möglicherweise gaben die Henstedter dem dort aufgestauten Teich dann aufgrund des damals vorhandenen dichten Wurzelwerks den Namen, der bis heute erhalten geblieben ist."

„Möglicherweise gaben die Henstedter dem dort aufgestauten Teich dann aufgrund des damals vorhandenen dichten Wurzelwerks den Namen, der bis heute erhalten geblieben ist."

Dieser Erklärung kann auch Johann Schümann viel abgewinnen. Obwohl der ehemalige Hof der Familie Schümann-Grothkopf wie auch die anderen ehemals großen Bauernstellen in der direkten Nachbarschaft nicht mehr existieren bzw. ausgesiedelt sind, übt der Wöddel immer noch Anziehungskraft auf ihn aus.

Bildhauer Thomas Behrendt schuf die Brunnenskulptur 2013 aus einem 18-Tonnen-Findling. Die sieben geschwungenen Rinnen, worin das Wasser fließt, symbolisieren die sieben Wege, die im Mittelalter vom Wöddel als Dorfmittelpunkt aus Henstedt hinausführten. Um die Symbolik perfekt zu machen, stehen rund um den Brunnen sieben Bänke.

So geht's zum Brunnen:

Der Brunnen steht zwischen der Dorfstraße und der Straße Am Wöddel im Herzen des Henstedt-Ulzburger Ortsteils Henstedt.

Quellen und Literatur, Bildnachweis

Alt-Bramstedt.de: „Ein Jahr lang wohnte der König im Schloß". URL: http://www.alt-bramstedt.de/?s=Finck. Abgerufen am 09.04.2018.

Archäologie Online: „Ludwig Ross – erster Archäologe in Griechenland". In: Archäologie Online. URL: https://www.archaeologie-online.de/suche/?L=0&id=268&tx_solr%5Bq%5D=ludwig+ross. Abgerufen am 05.03.2018.

Archiv Hamburger Abendblatt: „Die neue Autobahn nach Kiel wird heute freigegeben". URL: https://www.abendblatt.de/archiv/article201294/Die-neue-Autobahn-nah-Kiel-wird-heute-freigegeben.html. Abgerufen am 20.08.2018.

Archiv Hamburger Abendblatt: „Bis 30. Juni 1972: Hamburg-Schilksee in 50 Minuten?" URL: https://www.abendblatt,de/archiv/1971/aeicle201324313/Bis-30-Juni-1072-Hamburg-Schilksee-in-50-Minuten.html. Abgerufen am 20.08.2018.

Archiv Hamburger Abendblatt: „Bee Gees auf der A 7 verunglückt". URL: https://www.abendblatt.de/archiv/1991/article202532509/Bee-Gees-auf-der-A-7-verunglueckt.html. Abgerufen am 20.08.2018.

Baumeister, A.: „Roß, Ludwig". In: Allgemeine Deutsche Biographie 29 (1889), S. 246-253 [Online-Version]. URL: https://www.deutsche-biographie.de/pnd116630175.html#adbcontent. Abgerufen am 05.03.2018.

Baurycza, Hans-Werner: Archiv.

Bärwald, Claus: „Christian Rohlfs und Groß Niendorf". In: Heimatkundliches Jahrbuch für den Kreis Segeberg 2015, S. 91-100.

Bärwald, Ulrich: „Die wiedergefundene Gruft auf dem Kirchhof – Bestattungskultur um die Sülfelder Kirche". In: Heimatkundliches Jahrbuch für den Kreis Segeberg 2017, S. 120-123.

Bärwald, Ulrich: Gemeindearchiv Sülfeld.

Berlin Street: „Wilhelm Krützfeld". URL: http://www.berlinstreet.de/personen/k/Kruetzfeld. html. Abgerufen am 15.01.2018.

Bunker-Kiel.com. URL: https://www.bunker-kiel.com/munitionsanstalten/marinearsenal-trappenkamp/ Abgerufen am 13.08.2018.

Bußenius, Sieghard: „Zionstische Erziehung im norddeutschen Moor: Die Ausbildungsstätte des Hechaluz auf dem Brüderhof bei Harksheide". In: haGalil.com vom 15.04.2007. URL: http://www.schoah.org/schoa/bruederhof-4.htm. Abgerufen am 04.06.2018.

Bußenius, Sieghard: „Ein Kibbuz in Harksheide – Der Brüderhof 1933-39". In: Klawe, Willy; Essen, Manfred von (Hrsg.): Bauern, Siedler, Flüchtlinge. Der Norderstedter Raum 1935-55. Berichte der Norderstedter Geschichtswerkstatt, S. 13.

Chaverim – Freundschaft mit Israel e. V.: „Stolper-Stelen". URL:https://www.chaverim-norderstedt.de/projekte/stolper-stelen.htm. Abgerufen am 04.06.2018.

Chronik der „Bärenhof"-Demontage. In: Hamburger Abendblatt vom 23.04.2010. URL: https://www.abendblatt.de/region/norderstedt/article107683589/Chronik-der-Baerenhof-Demontage.html. Abgerufen am 27.02.2019.

Discogs: „Ernst Bader". URL: https://www.discogs.com/de/artist/629817-Ernst-Bader. Abgerufen am 14.03.2019.

Dreessen, Detlef: Archiv „Arbeitsstelle 500 Jahre Heinrich Rantzau". Bad Segeberg.

Ehlers, Detlef: Heimatbuch der Gemeinde Garstedt. Garstedt 1970, S. 87-88.

Ehlers, Detlev: Sonderbares vom Bärenhof in Ochsenzoll. Jahrbuch des Heimatbundes Norderstedt e.V. 2005, S. 43-46.

Essen, Manfred von: Norderstedt, Friedrichsgabe, Garstedt, Glashütte, Harksheide I. Die Norderstedter Ursprungsgemeinden bis 1970. S. 42-45.

Europapark Deutschland e.V. (Hrsg.): „Erlebnis Wildnis". In: Wildnis in deutschen Nationalparks. Schleiden 2010, S. 3.

Filmstarts: Banklady. URL: http://www.filmstarts.de/kritiken/199250.html. Abgerufen am 26.02.2018.

Forschungszentrum Borstel/Leibniz Lungenzentrum. URL: https://fz-borstel.de/index.php/de/. Abgerufen am 24.01.2019.

Gathemann, Günther: „Mord auf der Siegesburg –

Legenden entstehen". In: Heimatkundliches Jahrbuch für den Kreis Segeberg. Kiel 2017, S. 12-17.

Gemeinde Henstedt-Ulzburg: Chronik, S. 463.

Gemeinde Henstedt-Ulzburg: „666 Jahre Ulzburg", 2005.

Gemeinde Schmalfeld: „Königsbrücke". URL: http://www.schmalfeld.net/index.php/dorf/geschichte/54-koenigsbruecke. Abgerufen am 14.11.2017.

Gemeinde Sülfeld: „Der Alster-Trave-Kanal". URL: http://www.gemeinde-suelfeld.de/pages/unsere-gemeinde/gemeindearchiv/der-alster-trave-kanal.php. Abgerufen am 25.04.2018.

Goldammer, Götz: „Alster-Trave-Kanal". In: Gesellschaft für schleswig-holsteinische Geschichte. URL: http://www.geschichte-s-h.de/alster-trave-kanal/. Abgerufen am 25.04.2018.

Grenzuberschreitungen: „Briefe aus dem Warschauer Ghetto (1941/42), Materialien". In: Polen in Europa. URL: http://www.deutschlandundeuropa.de/37_98/due37a.htm. Abgerufen am 29.07.2018.

Gröschel, Maren M. A.: „Historische Recherche zum Rantzau-Obelisken in Bad Segeberg". URL: https://kulturstadt-badsegeberg.de/data/documents/HistRech24.4.14Rantzau-Obelisk.pdf. Abgerufen am 23.01.2019.

Groß Niendorf: „Christian Rohlfs (1849-1938)". URL: www. grossniendorf.de/rohlfs/lebenslauf.php. Abgerufen am 24.09.2018.

Hamburger Abendblatt: „Schachtmeister schuf Tiergarten aus eigener Kraft". Ausgabe vom 19.08.1974.

Harfst, Dieter: „Die Bad Segeberger Kalkberghöhlen als Produktionsstätte von Kriegskampfmitteln?" In: Heimatkundliches Jahrbuch des Kreises Segeberg, 2008, S. 118-122.

Heimatblatt für Langenhorn und Ochsenzoll, August 1962 und November 1963.

Henstedt-Ulzburg, Gemeindearchiv.
Alsterverein e.V. URL: https://alsterverein.de.html. Abgerufen am 27.12.2018.

Honerlah, Karin: „Panierte Erdbeeren". In: Wir in Henstedt-Ulzburg. Eigenverlag Bürgeraktiv 2008, S. 298-301.

Hroch, Marlene: „Die Schnapphähne". In: Vom Bauerndorf zur Wohngemeinde. Geschichte des Dorfes Kisdorf. Husum 2013, S.44-46.

Ipsen, Anne: Archiv.

Jung, Irene: „Der Fluss, der Hamburg über Wasser hielt". In: Hamburger Abendblatt vom 01.06.2013. URL: https: www.abendblatt.de/hamburg/magazin/article 116715947/Der-Fluss-der-Hamburg-ueber-Wasser.hielt.html. Abgerufen am 05.11.2018.

Kaleck, Wolfgang: „Osvaldo Bayers großes historisches Werk endlich auf Deutsch". In: Das Lateinamerika-Magazin. ULR: https://www.ila-web.de/print/639. Abgerufen am 06.06.2017.

Klietz, Wolfgang: „Bund verkauft Grabhügel in Högersdorf". In: Hamburger Abendblatt vom 27.01.2012. URL: https://www.abendblatt.de/region/norderstedt/article107725545/Bund-verkauft-Grabhuegel-bei-Hoegersdorf.html. Abgerufen am 02.02.2018.

Klietz, Wolfgang; Junkersdorf, Jens: „Die Rätsel der Betonwürfel am Stadtparksee". In: Hamburger Abendblatt vom 19.09.2015. URL: https://www.abendblat.de/region/norderstedt/article205753267/Das-Raetsel-der-Betonwuerfel-am-Stadtparksee.html. Abgerufen am 27.12.2018.

Klietz, Wolfgang: „Sülfeld: Rätselhafter Mord ohne Leiche" In: Hamburger Abendblatt vom 01.10.2016. URL: https://www.abendblatt.de/region/norderstedt/article208329651/Suelfeld-Raetselhafter-Mordfall-ohne-Leiche. Abgerufen am 29.10.2018.

Knittermeier, Frank: „Es begann 1937 – Feierstätte der Nazis". In: Hamburger Abendblatt vom 10.10.07. URL: https://www.abendblatt.de/region/norderstedt/article107334637/Es-begann-1937-als-Feierstaette-der-Nazis.html. Abgerufen am 02.01.2019.

Knittermeier, Frank: „Granitsteine als Zeitzeugen aufgestellt". In: Hamburger Abendblatt vom 01.11.2012. URL: https://www.abendblatt.de/regional/norderstedt/article110493871/Granitsteine-als-Zeitzeugen-aufgestellt.html. Abgerufen am 15.02.2019.

Knobloch, Heinz: Der beherzte Reviervorsteher: Ungewöhnliche Zivilcourage am Hackeschen Markt. Berlin 1990.

Krause, Juliane: „Attentäter und Held der Arbeit, Erinnerungen an Kurt Wilckens". In: Heimatkundliches Jahrbuch des Kreises Segeberg 2003, S. 84-90.

Landwirtschaftskammer Schleswig-Holstein:

„Landpartie zu Gütern und Seen, Gutspark Borstel". URL: www.gartenrouten-sh.de.
Abgerufen am 24.01.2019.

Langenhorn-Archiv. URL: http://www.langenhorn-archiv.de/wbce/. Abgerufen am 25.02.2019.

Lau, Herbert: „1982 – Tragischer Unfall: Löwe reißt Kind Kiefer ab". In: Hamburger Abendblatt vom 19.08.2009. URL: http://www.abendblatt.de/hamburg/article107546646/11982(1982-Tragischer –Unfall-Löwe-reißt-Kind-Kiefer-ab.html. Abgerufen am 12.02.2018.

Linde-Lembke, Heike: „Die wechselhafte Geschichte eines Hauses". In: Hamburger Abendblatt vom 01.04.2016. URL: https:www.abendblatt.de/region/norderstedt/article207341355/Die-wechselhafte-Geschichte-eines-Hauses.html. Abgerufen am 18.12.2017.

Linde-Lembke, Heide: „Juden unerwünscht auf den Dörfern". In: Hamburger Abendblatt vom 09.11.2000. URL: https://www.abendblatt,de/archiv/2000/article204369601/Juden-unerwuenscht.auf-den-doerfern.html. Abgerufen am 04.06.2018.

Lohr, Axel: „Die Geschichte des Gutes Borstel bis zum Jahr 1938". Eigenverlag 2014, S. 114 ff.

Lübecker Nachrichten: „Ausstellung ‚Gegen das Vergessen' in der Polizeischule". Ausgabe vom 07.11.2013. URL: http://www.ln-online.de/Lokales/Ostholstein/Ausstellung-Gegen-das-Vergessen-in-der-Polizeischule.html. Abgerufen am 15.01.2018.

Mehrens, H. : Chronik der Gemeinde Ulzburg in Holstein. 1942, S. 2-8.

Meincke, Gerd: Heimatkundliches Archiv.

Museum Wahlstedt: „Geschichtspfad Marineartilleriearsenal Wahlstedt/1937 -1945". URL: http://www.museum-wahlstedt.de/wb/pages/home/geschichtspfad.php. Abgerufen am 13.08.2018.

Nasse, Harald: „Naturwald Buchholz". In: Einzigartig - Naturführer durch Schleswig-Holstein, Band 4. Neumünster 2015, S. 191-197.

Norderstedt: „Stadtgeschichte kurzgefasst". URL: https://www.norderstedt.de/Verwaltung-Politik/Verwaltung/Stadtgeschichte/Garstedt. Abgerufen am 24.02.2019.

Popien, Matthias: „Landeskriminalamt gründet Spezialeinheit für ungelöste Fälle". In: Hamburger Abendblatt vom 31.03.2015. URL: https://www.abendblatt.de/region/article205232269/Landeskriminalamt-gruendet-Spezialeinheit-fuer-ungeloeste-Faelle. Abgerufen am 29.10.2018.

Rohlfs, Christian: „ Biografie". URL: http://www.christian-rohlfs.de/. Abgerufen am 24.09.2018.

Rohlfs, Udo: Archiv.

Schadendorf, Jan-Uwe: Archiv.

Schadendorf, Jan-Uwe: „Fleckenvorsteher – Bürgermeister in Bad Bramstedt". In: Geschichte und Geschichten zu Bad Bramstedt in Holstein. URL: http://www.alt-bramstedt.de/fleckenvorsteher-buergermeister. Abgerufen am 11.11.2017.

Schmider, Franz: „Wie ein Polizist die Zerstörung einer Synagoge verhinderte". In: Badische Zeitung vom 08.11.2014. URL: http://www.badische-zeitung.de/deutschland-1/wie-ein-berliner-polizist-die-zerstoerung-einer-Synagoge.verhinderte.html. Abgerufen am 15.01.2018.

Schwinghammer, Edgar; Kerschkamp, Yves: „Herrenhaus Borstel". URL: www.es-architekten.com. Abgerufen am 24.01.2019.

Seedorf: „Das älteste Berlin der Welt". In: 800 Jahre Berlin. Festschrift. Seedorf 2015.

Segeberger Höhlenkäfer - Choleva septentrionis holsatica. URL: http://www.entomologie.de/fotos/cholsept.htm. Abgerufen am 23.08.2017.

Sello, Gottfried: „Er traute nur seinen Augen". In: Die Zeit, Nr. 39/1979/Zeit online. URL: www.zeit.de/1979/39/er-traute-nur-seinen-augen. Abgerufen am 01.10.2018.

Sozialwerk Norderstedt e.V. URL: https://www.sozialwerk-norderstedt.de/. Abgerufen am 24.02.2019.

Sparr, Hans-Peter: Der Kalkberg, Naturdenkmal und Wahrzeichen der Stadt Bad Segeberg. Hamburg 1997.

Stadtpark Norderstedt GmbH: Archiv.

Stadtwerke Norderstedt: Satellitenschüsseln.

Stockmar, Stephan: „Nur ziehen Sie ihre Hand in dieser dunklen Stunde nicht zurück". Briefe aus dem Warschauer Ghetto. In: Die Drei, Zeitschrift für Anthroposophie in Wissenschaft, Kunst und sozialem Leben, Ausgabe 11/02, S. 63-68. URL: https://diedrei.

org/autoren-anzeigen/autor/stockmar-stephan.html. Abgerufen am 29.07.2018.

Timm, Uwe: Rot. eBook. Köln 2015.

TV Wunschliste: „Einmal im Leben“. URL: www.wunschliste.de/serie/einmal-im-leben. Abgerufen am 26. Mai 2018.

Werler, Gisela: „Eiskalte Diebin oder ‚Banklady?‘ “ URL: https://www.ndr.de/kultur/geschichte/chronologie/Gisela-Werler-Eiskalte-Diebin-oder-Banklady,werler109.html. Abgerufen am 26.02.2018.

wdr.de/stichtag: „16. Januar 1972 - Erste Folge des Fernseh-Dreiteilers ‚Einmal im Leben‘, vom 16. Januar 2012“. URL: https://www1.wdr.de/stichtag/stichtag6286.html. Abgerufen am 26. Mai 2018.

Willi-Bredel-Gesellschaft/Geschichtswerkstatt Hamburg: Rettet den Bärenhof. URL: http://www.oxenzoll.info/. Abgerufen am 27.02.2019.

Wikipedia: „Bramstedter Schloss“. URL: https://de.wikipedia.org/wiki/Bramstedter_Schloss. Abgerufen am 09.04.2018.

Wikipedia: „Doppeleiche“. URL: https://de.wikipedia.org/wiki/Doppeleiche. Abgerufen am 27.03.2018.

Wikipedia: „Europastraße 45“. URL: https://de.wikipedia.org/wiki/Europastraße_45. Abgerufen am 13.02.2019.

Wikipedia: „Gefriergemeinschaft“. URL: https://de.wikipedia.org/wiki/Gefriergemeinschaft. Abgerufen am 21.02.2019.

Wikipedia: „Geschichte der Müllabfuhr in Hamburg“. URL: https://de.wikipedia.org/wiki/Stadtreinigung_Hamburg. Abgerufen am 27.03.2018.

Wikipedia: „Grabhügel bei Högersdorf-Rotenhahn“. URL: https://de.m.wikipedia.org/wiki/Grabhügel_bei_Högersdorf-Rotenhahn. Abgerufen am 02.02.2018.

Wikipedia: „Hartwig Reventlow“. URL: https://de.wikipedia.org/wiki/Hartwig_Reventlow. Abgerufen am 26.01.2018.

Wikipedia: „Kaelble“. URL: https://de.wikipedia.org/wiki/Kaelble. Abgerufen am 11.09.2018.

Wikipedia: „Kurt Gustav Wilckens“. URL: https://de.wikipedia.org/wiki/Karl_Gustav_Wilckens. Abgerufen am 25.07.2017.

Wikipedia: „Liste der Kulturdenkmale in Norderstedt“. URL: https://de.wikipedia.org/wiki/Liste_der_Kulturdenkmale_in_Norderstedt. Abgerufen am 15.02.2019.

Wikipedia: „Segeberger Kalkberg“. URL: https://de.wikipedia.org.wiki/Segeberger_Kalkberg. Abgerufen am 02.01.2019.

Wikipedia: „Walze (Baumaschine)“. URL: https://de.wikipedia.org/wiki/Walze_(Baumaschine). Abgerufen am 11.09.2018.

Yad Vashem: „Die Gerechten unter den Völkern aus Deutschland“. In: Yad Vashem, Internationale Holocaust Gedenkstätte, S. 1-4. URL: https://www.yadvashem.org/de/righteous/about-the-righteous/german.html. Abgerufen am 16.07.2018.

Yelp: „Turmhügelburg“. URL: https://www.yelp.de/biz/turmhügelburg-henstedt-ulzburg. Abgerufen am 16.10.2017.

Zachau, Wolfgang: „Die Gedenktafel von der Glashütter Doppeleiche“. In: Heimatbund Norderstedt: Jahrbuch 2010, S. 66 f.

Bildnachweis

S. 86 Bild: Olaf Francke

Haftungsausschluss

Trotz intensiven Austauschs mit unseren Gesprächspartnern, gewissenhafter Literaturrecherche und aufmerksamem Korrekturlesen erheben wir weder einen Anspruch auf Vollständigkeit noch auf Fehlerlosigkeit. Wir haben streng darauf geachtet, keine Urheberrechte zu verletzen, unsere Recherchen sind nach bestem Wissen und Gewissen erfolgt. Dennoch übernehmen wir keinerlei Gewähr für die Aktualität, Korrektheit oder Vollständigkeit der bereitgestellten Informationen. Haftungsansprüche gegen uns schließen wir grundsätzlich aus.

1 Heilquelle
2 Berliner Meilenstein
3 Bungalow
4 Urwald
5 Eishaus
6 Schloss
7 Kreuz für Lisbeth
8 Glasfenster
9 Obelisk
10 Gruft
11 Doppeleiche
12 Amtsgericht
13 Firmengebäude
14 Schild
15 Hügelgrab
16 Kalkberg-Arena
17 Wohnhaus
18 Schnapphahn-Stein
19 Munitionshäuser
20 Königsbrücke
21 Hintereingang
22 Bärenhof
23 Höhle
24 Acker
25 Pastoratsschlucht
26 Steinwalze
27 A7
28 Gullydeckel?
29 Alsterquelle
30 Rotes Metallkreuz
31 Briefkasten
32 Altes Rathaus
33 Bild
34 Grabstein
35 Wappen
36 Gedenkstein
37 Steinsäule
38 Ortsschild
39 Satellitenschüsseln
40 Altes Postgebäude
41 Grenzstein
42 DRK-Geschäftsstelle
43 Rasenfläche
44 Waldgrab
45 Straßenschild
46 Steinhäuschen
47 Betonklötze
48 Tribüne
49 Apfelbaum
50 Brunnen

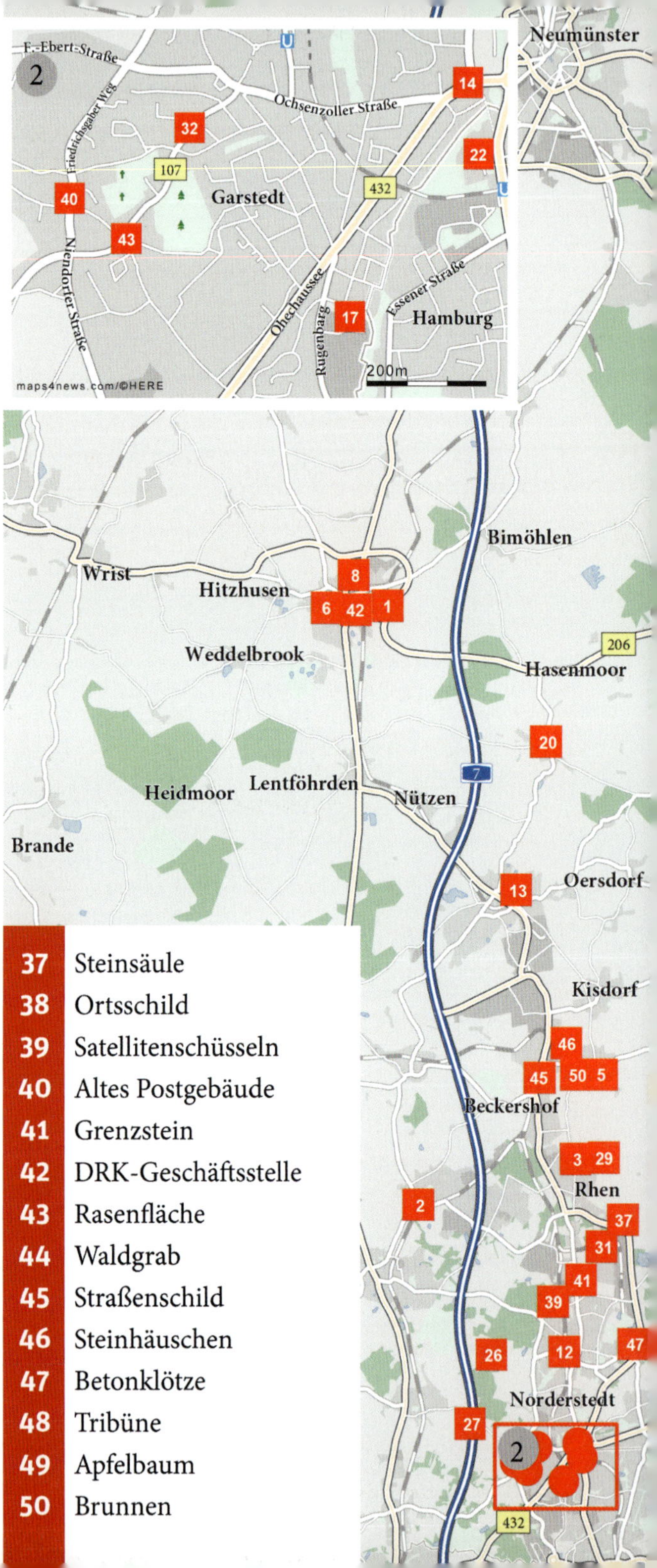

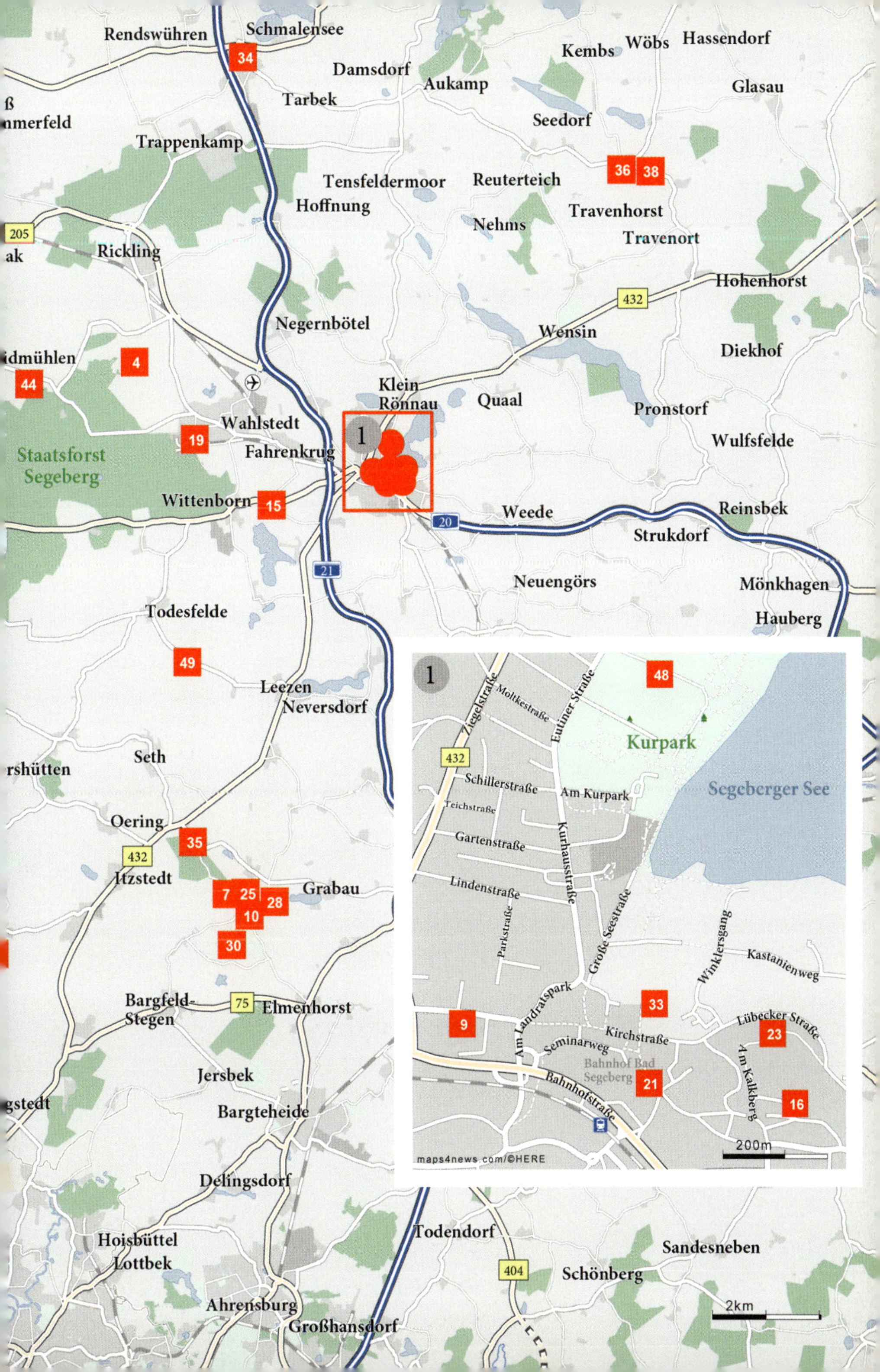
Rendswühren
Schmalensee
34
Damsdorf
Aukamp
Kembs
Wöbs
Hassendorf
Glasau
Tarbek
Seedorf
Trappenkamp
Tensfeldermoor
Hoffnung
Reuterteich
36
38
Travenhorst
Nehms
Travenort
205
Rickling
432
Hohenhorst
Negernbötel
Wensin
Diekhof
4
44
Klein Rönnau
Quaal
Pronstorf
Wahlstedt
1
19
Fahrenkrug
Wulfsfelde
Staatsforst Segeberg
Wittenborn
15
Weede
Reinsbek
20
Strukdorf
21
Neuengörs
Mönkhagen
Todesfelde
Hauberg
49
Leezen
Neversdorf
Seth
Oering
35
432
Itzstedt
7
25
28
10
Grabau
30
Bargfeld-Stegen
75
Elmenhorst
Jersbek
Bargteheide
Delingsdorf
Hoisbüttel
Lottbek
Todendorf
Sandesneben
404
Schönberg
Ahrensburg
Großhansdorf
2km
1
48
Moltkestraße
Ziegelstraße
Eutiner Straße
Kurpark
432
Schillerstraße
Am Kurpark
Segeberger See
Teichstraße
Gartenstraße
Kurhausstraße
Lindenstraße
Parkstraße
Große Seestraße
Winklersgang
Kastanienweg
Am Landratspark
33
9
Kirchstraße
Lübecker Straße
23
Seminarweg
Bahnhof Bad Segeberg
21
Am Kalkberg
Bahnhofstraße
16
200m
maps4news.com/©HERE

SIE WOLLEN NOCH MEHR ÜBER

Segeberg

WISSEN?

Hier gibt es sachkundige Informationen:

Arbeitsstelle 500 Jahre Heinrich Rantzau, Bad Segeberg
Eine umfangreiche Literatursammlung gibt es in der Stadtbücherei Wort-Ort,
Oldesloer Straße 20
23795 Bad Segeberg
Homepage:
www.bibse.bibliotheca-open.de/

Bürgerpark Henstedt-Ulzburg
Es gibt verschiedene Spielplätze im Park, dazu sehr viel Platz zum Toben. Durch die Skateranlage ist er auch attraktiv für Jugendliche.
Olivastraße
24558 Henstedt-Ulzburg
Homepage: www.henstedt-ulzburg.de

Geschichtspfad Wahlstedt
Der Geschichtspfad führt durch das große Industriegebiet im Südwesten des Ortes. Dieses Gelände ist im Zweiten Weltkrieg das Marinearsenal Fahrenkrug-Wahlstedt gewesen, sehr viele Gebäude aus der damaligen Zeit stehen noch. Der Pfad soll aufzeigen, was damals gewesen und geschehen ist. Führungen nach Absprache mit der Volkshochschule, das Büro ist dienstags und donnertags von 15-17 Uhr besetzt.
Telefon: 04554 / 5912
Homepage:
www.museum-wahlstedt.de/wb/pages/home/geschichtspfad.php

Informationen über allgemeine Veranstaltungen gibt es bei der Stadt Bad Segeberg
Homepage:
www.bad-segeberg.de/Tourismus-Kultur/Tourismus/Reiterstadt-Bad-Segeberg

Maria-Magdalenen-Kirche Bad Bramstedt
Die Maria-Magdalenen-Kirche bildet mit dem Pastorat von 1894 und dem Gemeindehaus von 1912 ein reizvolles Ensemble.
Kirchenbleeck
24576 Bad Bramstedt
Telefon: 04192 / 87970
Tagsüber von 8-18 Uhr geöffnet.
Homepage:
www.kirche-badbramstedt.de/

Marienkirche Bad Segeberg
Die Marienkirche im Segeberger Stadtzentrum ist die älteste dreischiffige Gewölbebasilika der Backsteinromanik Nordelbiens.
Kirchplatz
23795 Bad Segeberg
Telefon: 04551 / 955-255
Tagsüber von 9-16 Uhr geöffnet.
Homepage:
www.kirche-segeberg.de/de/

Noctalis Fledermauszentrum Bad Segeberg
Im Noctarium können Besucher Fledermäuse hautnah erleben. Zum Beispiel die über hundert tropischen Brillenblattnasen bei ihren akrobatischen Flugmanövern.
Oberbergstraße 27
23795 Bad Segeberg
Telefon: 04551 / 8082-0
Öffnungszeiten:
April bis September:
Montag bis Freitag von 9–18 Uhr.
Sonnabend, Sonntag und an Feiertagen von 10–18 Uhr.
An Tagen mit Spätvorstellungen der Karl-May-Spiele bis 19:30 Uhr.
Oktober:
Montag bis Freitag von 9-17 Uhr.
Sonnabend, Sonntag und an Feiertagen von 10-18 Uhr.
November bis März:
Montags geschlossen,
Dienstag bis Donnerstag von 9-14 Uhr.
Freitag bis Sonntag und an Feiertagen von 10-18 Uhr.

Stadtmuseum Norderstedt
Ausgehend von den natürlichen Gegebenheiten der historischen Moor- und Heidelandschaft präsentiert das Stadtmuseum auf über 700 Quadratmetern Geschichte aus Norderstedt
Friedrichsgaber Weg 290
22846 Norderstedt
Telefon: 040 / 609217 - 44
Mi-Sa: 15-18 Uhr
So: 11-18 Uhr
Homepage: www.norderstedt.de/Bildung-Kultur/Kultur/Museen-und-Stadtarchiv/Stadtmuseum

Rennkoppel/Landesturnierplatz Bad Segeberg
Eutiner Straße 1
23795 Bad Segeberg
Täglich geöffnet.
Homepage:
www.facebook.com/pages/Landesturnierplatz-Bad-Segeberg/162289423829751

Publikationen:

Honerlah, Karin: „Panierte Erdbeeren“. In: Wir in Henstedt Ulzburg.

Sparr, Hans-Peter: Der Kalkberg, Naturdenkmal und Wahrzeichen der Stadt Bad Segeberg. Hamburg 1997.

WEITERE

Geheimnisse der Heimat

aus der Umgebung:

DIE

Geheimnisse der Heimat

GIBT ES JETZT NEU IN ... und *Historische Lebensbilder*

Darmstadt
Eisenach
Düsseldorf
Wiesbaden
Dresden
Erlangen
St. Gallen (Schweiz)
Villingen-Schwennigen

Seit 2011 wurden knapp 70 „Geheimnisse"-Titel produziert. Alle Städte finden Sie unter www.bast-medien.de